Bluthochdruck natürlich senken

Dr. med. Thomas Rampp

Bluthochdruck natürlich senken

Soforthilfe bei **Bluthochdruck**: die **besten Methoden,** die **besten Rezepte**

KNEIPP
VERLAG WIEN

Inhalt

EINLEITUNG

REZEPTE

Vorwort

In den letzten Jahrzehnten ist Bluthochdruck bei uns zu einer wahren Volkskrankheit geworden: 30 Millionen Menschen in Deutschland haben damit zu tun. Etwa 40 Prozent der Erwachsenen und mehr als 80 Prozent der über 65-Jährigen sind inzwischen mehr oder weniger davon betroffen. In Österreich leidet etwa jeder Vierte an Bluthochdruck. Bei Naturvölkern dagegen existiert Bluthochdruck praktisch nicht. Erst bei einem westlich geprägten Lebensstil kommt es auch bei diesen Menschen zu Bluthochdruck und anderen Zivilisationskrankheiten. Das ist ein deutlicher Hinweis dafür, dass Bluthochdruck vor allem eine Folge des Lebensstils ist. Und er zieht zahlreiche Erkrankungen und damit hohe Kosten nach sich. Folgen sind etwa Herzinfarkte, Schlaganfälle, Vorhofflimmern sowie eine ganze Reihe weiterer Herz-Kreislauf-Erkrankungen und Organschäden.

Bluthochdruck verursacht zu Beginn in aller Regel keine Beschwerden, was ihm den bezeichnenden Beinamen „stiller Killer" einbrachte. Betroffene sind deshalb oft überrascht und verunsichert, wenn sie die Diagnose Bluthochdruck erhalten. Und plötzlich stehen viele Fragen im Raum.

Vielleicht wurden auch Sie kürzlich von der Diagnose Bluthochdruck überrascht. Vielleicht kommen Sie aus einer Bluthochdruckfamilie oder Sie vertragen die vom Arzt verordneten Medikamente schlecht. Oder Sie wollen sich einfach nur informieren und Vorsorge betreiben. In allen Fällen wird Ihnen die Lektüre dieses Buchs wichtige Impulse für einen entspannten, kompetenten und mitunter genussvollen Umgang mit dem Thema geben.

Mit Kneipp gegen hohen Blutdruck

Die wohl wichtigste Maßnahme, um den Blutdruck nachhaltig zu senken, ist der Lebensstil. Studien haben gezeigt, dass täglich eine halbe Stunde Bewegung den Druck um 5 mmHg senken kann, pro Kilo Gewichtsreduktion kann man mit einem um 1 mmHg niedrigeren Blutdruck rechnen. Wer auf Alkohol verzichtet, kann etwa 5 mmHg Drucksenkung erzielen. Eine Blutdrucksenkung von bis zu 17 mmHg, systolisch, die sich durch eine gesunde, an die Darmflora angepasste Ernährungsweise möglicherweise erreichen lässt, ist hier besonders beachtlich.

Doch diese Zahlen zeigen auch, dass man schon einige Lebensstilveränderungen vornehmen muss, um eine deutliche Senkung der Blutdruckwerte zu erreichen.

Die Kneipp-Therapie mit ihren fünf Säulen – Ernährung (ab S. 12, Rezepte ab S. 54), Ordnungstherapie (Stressreduktion, ab S. 18), Bewegung (ab S. 36), Hydrotherapie (S. 42) und Phytotherapie (S. 44) – bietet alles, was sie brauchen, um Ihren Blutdruck zu normalisieren.

Ich wünsche Ihnen viel Freude beim Lesen und stets eine gute Gesundheit.

Ihr Dr. Thomas Rampp

Was ist Bluthochdruck?

Bluthochdruck ist eine Gefäßerkrankung, die in der Fachsprache Hypertonie genannt wird. Sie beschreibt einen zu hohen Druck in den Gefäßen, darum sind die Kennzeichen dauerhaft erhöhte Blutdruckwerte. Der erhöhte Druck kommt beispielsweise durch verengte Blutgefäße zustande. Über die Zeit kann der dauerhaft zu hohe Druck zu Organschädigungen führen. Häufig sind Herz, Nieren, Gehirn und Blutgefäße betroffen. Krankheiten wie Herzinfarkt oder Schlaganfall stehen mit Bluthochdruck im Zusammenhang.

Wie messe ich Blutdruck?

Ihren Blutdruck können Sie zu Hause in Ruhe mit einem Blutdruckmessgerät erfassen, aber auch Arztpraxen und Apotheken bieten Messungen an. Wichtig ist, dass Sie sich entspannt hinsetzen und den Arm leicht erhöht ablegen, ungefähr auf Höhe des Herzens. Die Manschette vom Messegerät sollte über dem Oberarm, etwa zwei Zentimeter oberhalb der Ellenbeuge auf Herzhöhe angelegt werden. Zu Hause messen Sie am besten morgens nach dem Aufstehen sowie abends vorm Schlafengehen und tragen die Werte in eine Tabelle ein.

Fakten!

mmHg-Quecksilbersäule?

Früher verwendete man Quecksilberbarometer und -manometer, um Druck wie Luftdruck oder Blutdruck zu messen. Daher rührt die Verwendung der Einheit mmHg für die Werte bei der Blutdruckmessung. Diese Abkürzung mmHg steht für „Millimeter-Quecksilbersäule". Die Maßeinheit wird verwendet, um Druck in geschlossenen Systemen, beispielsweise dem Blutkreislauf, zu erfassen. Sie beschreibt den Druck, den eine 1 mm hohe Quecksilbersäule erzeugt.

Was bedeuten die unterschiedlichen Werte?

Blutdruck wird mit zwei Werten erfasst, diese zeigt auch das Blutdruckmessgerät an. Wenn sich das Herz während des Pumpvorgangs zusammenzieht, also angespannt ist, pumpt es Blut in die Arterien. Der zu diesem Zeitpunkt gemessene Druck ist der sogenannte systolische Druck. Der Wert, der diesen Druck angibt, ist der höhere der beiden gemessenen Werte.

Der niedrigere Wert, auch diastolischer Druck genannt, misst den Druck in den Gefäßen, wenn das Herz sich wieder entspannt und so Blut aufnimmt.

Blutdruckrichtwerte (gemessen in der Arztpraxis)

	Systole (oberer Wert)	Diastole (unterer Wert)
Optimal	< 120	< 80
Normal	120–129	80–84
Hochnormal	130–139	85–89
Hypertonie	ab 140	ab 90

Als Ergänzung zu den Blutdruckwerten empfiehlt die aktuelle Hypertonie-Leitlinie, drei Krankheitsstadien des Bluthochdrucks hervorzuheben:

Stadium I
Unkomplizierte Erkrankung, bei der noch keine merklichen Organschäden vorliegen (gilt auch bis zu einer Nierenerkrankung Grad 1 und 2).

Stadium II
Leichte Organschäden sind erkennbar, etwa der Beginn einer chronischen Nierenerkrankung (Grad 3) oder das zusätzliche Vorliegen von Diabetes mellitus.

Stadium III
Es liegen bluthochdruckbedingte kardiovaskuläre Erkrankungen vor oder eine fortgeschrittene chronische Nierenerkrankung (Grad 4 und 5).

Welcher Blutdruck ist zu hoch?

Sie haben Ihren Blutdruck zwei bis dreimal im Abstand von ein bis vier Wochen ärztlich kontrollieren lassen, und er war jedes Mal zu hoch, zeigte also Werte ab 140/90 mmHg? Dann haben Sie Bluthochdruck. Auch deutlich erhöhte Werte von ≥ 180/110 mmHg oder hohe Werte, wenn Sie bereits unter einer Herzerkrankung leiden, sind schon nach einmaliger Messung bei Arzt oder Ärztin eine Bestätigung für Bluthochdruck.

Ab wann brauche ich Medikamente?

Generell gilt: Liegt ihr Blutdruck wiederholt bei einem durchschnittlichen systolischen Wert über 140 mmHg und einem diastolischen Blutdruckwert über 90 mmHg, ist eine medikamentöse Therapie empfehlenswert. Bei älteren Menschen dürfen die Werte auch etwas höher sein, bis 160 mmHg systolisch. Hier ist das Ziel, medikamentös auf systolische Werte von 140–150 mmHg oder auch niedriger zu kommen.

Mythen?

Nur Medikamente helfen

Bei Patienten mit niedrigem bis mittlerem kardialem Risiko und einem Blutdruck im hohen Normalbereich (130–139 mmHg systolisch und 85–89 mmHg diastolisch) wird empfohlen, auf eine blutdrucksenkende, medikamentöse Therapie zu verzichten und stattdessen eine Lebensstiländerung anzugehen. Ärztinnen und Ärzte stehen hierbei beratend zur Seite.

Welche Werte schützen mein Herz am besten?

Betroffene zwischen 18 und 79 Jahren sollen auf Werte von 140/80 mmHg kommen. Für über 80-Jährige kann das ebenso gelten, sofern sie diese Werte vertragen. Dieses Vorgehen reduziert gesundheitliche Kollateralschäden deutlich. Eine weitere Senkung auf 130/80 mmHg bringt, statistisch gesehen, noch bessere Therapieergebnisse, vor allem bei Menschen mit einer vorhandenen Herzerkrankung. Aber auch unerwünschte Nebenwirkungen wie Schwindel sind bei starker Blutdrucksenkung häufiger. Achtung: Die Werte sollten nicht unter 120/70 mmHg abfallen.

Regelmäßiges Messen ab 40

Eine regelmäßige Blutdruckkontrolle ist wichtig: Menschen ab 40 Jahren sollten sich mindestens einmal pro Jahr von Arzt oder Ärztin den Blutdruck messen lassen. Wer gesundheitliche Vorerkrankungen mitbringt, der sollte schon vor dem 40. Lebensjahr seinen Blutdruck regelmäßig kontrollieren. Auch Frauen nach der Menopause und Frauen, die unter Schwangerschaftsbluthochdruck oder Schwangerschaftskomplikationen wie einer Präeklampsie litten, zählen zur Risikogruppe.

Für alle anderen gilt: Immer mal wieder in der Apotheke den Blutdruck messen lassen. Je früher erhöhte Werte erkannt werden, desto besser. Nur so können gesundheitliche Folgeschäden abgeschwächt oder vermieden werden.

Fakten!

Salutogenese: Fokus auf das Gute

Salutogenese beschäftigt sich damit, wie Gesundheit entsteht. Sie fokussiert sich auf die gesunden Anteile und Ressourcen von Menschen und fördert diese. Auch bei der Behandlung von Bluthochdruck sollten nicht nur krankhafte Aspekte im Vordergrund stehen, sondern im Gegenteil, der salutogenetische Aspekt. Fragen Sie sich also: Was sind meine Ressourcen, was kann ich, was mache ich vielleicht sogar gerne, wo kann ich ansetzen?

So kann der Organismus in die Heilung kommen. Hierbei gilt:
„Du kannst den Jagdhund nicht zum Jagen tragen, aber Du kannst ihn immer wieder daran erinnern, dass er ein Jagdhund ist."

Redensart frei nach Dr. Anna Paul

Ernährung: Salz im Fokus

Manche Menschen reagieren auf zu viel Salz im Essen mit einem Blutdruckanstieg und das Risiko für Herz-Kreislauf-Erkrankungen steigt mit jedem zusätzlichen Gramm. Die Empfehlung für Gesunde sowie Patientinnen und Patienten lautet daher: maximal 5–6 Gramm Kochsalz täglich.

Salz hat allerdings auf unterschiedliche Weise Einfluss auf den Bluthochdruck.

Salz und das Herz

Ist zu viel Kochsalz (Natriumchlorid) im Blutkreislauf, hält der Körper mehr Flüssigkeit zurück. Das macht er, um das Natrium (Salz) gut zu verdünnen. Das so erhöhte Flüssigkeitsvolumen im Herz-Kreislauf-System hat zur Folge, dass das Herz kräftiger pumpen muss und die Blutgefäße einem höheren Druck ausgesetzt sind. Der Blutdruck steigt an, und die Nieren müssen mehr arbeiten, um das Zuviel an Salz auszuscheiden.

Salz und das Mikrobiom

Doch auch das Mikrobiom leidet unter zu viel Salz. Und im Gegenzug: Weniger Salz auf dem Speiseplan scheint auch für das Mikrobiom gesund zu sein. Das wiederum hat Einfluss auf die Blutdruckregulation. Erstmals konnten Forschende diesen aus Tiermodellen bekannten Zusammenhang nun am Menschen bestätigen.

Fakten!

Was ist ein Mikrobiom?

Der Darm beherbergt Mikroorganismen (Bakterien, Viren, Pilze ...) in Billionenhöhe. Die Gesamtheit derer wird als Mikrobiota bezeichnet. Der Begriff Mikrobiom meint neben den Organismen unter anderem auch deren Stoffwechselprodukte. Häufig werden beide Begriffe jedoch synonym verwendet. Übrigens: Die Mikrobiota ist veränderbar und wichtig für die Gesundheit. Entscheidend ist, dass gesundheitsfördernde Bakterien die Mehrheit bilden.

Die wichtige Funktion von Darmbakterien

Darmbakterien können einen günstigen Einfluss auf den Bluthochdruck haben. Insbesondere Milchsäure- und Bifidobakterien scheinen in der Lage zu sein, den Blutdruck positiv zu beeinflussen. Sie stellen unter anderem kurzkettige Fettsäuren, regulierende Nervenbotenstoffe (GABA) und bestimmte Proteine bereit, welche die Gefäße erweitern und dadurch den Blutdruck senken (ACE hemmende Proteine).

Forschende haben im Tierversuch herausgefunden, dass sich bei zu salzhaltiger Kost die Zahl der Milchsäurebakterien deutlich reduziert. Die Folge: Erhöhte Blutdruckwerte und ein gesteigertes Risiko für Gefäßschäden. Bekamen die Tiere Milchsäurebakterien verabreicht, konnte Bluthochdruck verhindert werden.

Schützende Milchsäurebakterien

Das ließ sich in einer Humanstudie ebenfalls nachweisen. Der Blutdruck stieg an, wenn Teilnehmende täglich sechs Gramm Kochsalz über die Ernährung aufnahmen. Auch die Zahl der entzündungsfördernden Th17-Lyphozyten ging hoch. Diese Blutkörperchen sind mit an erhöhtem Blutdruck beteiligt. Parallel dazu verringerte sich im Darm die Anzahl der Milchbakterienstämme. Erhielten Teilnehmerinnen und Teilnehmer jedoch vor Beginn der salzreichen Diät eine Woche lang ein handelsübliches Präparat mit Milchsäurebakterien, veränderte sich das Mikrobiom nicht, der Blutdruck blieb normal.

Zu viel Salz auf dem Teller hat also nicht nur direkten Einfluss auf zu hohen Blutdruck, indem der Körper mehr Flüssigkeit zurückhält und die Gefäße einem höheren Druck ausgesetzt sind. Sondern es beeinflusst auch indirekt den Blutdruck, über das Mikrobiom.

Ernährung: gute Bakterien gegen Bluthochdruck

Eine ballaststoffreichere sowie fett- und eiweißärmere Ernährung beeinflusst die Bakterienbesiedlung im Darm positiv. So wird Ihr Mikrobiom hin zur Blutdrucksenkung programmiert.

Ballaststoffe gegen hohen Blutdruck

Eine ballaststoffreiche, pflanzenbasierte Ernährung, wie die mediterrane Vollwerternährung oder die Planetary Health Diet, fördert das Wachstum gesunder Darmbakterien. Warum? Ballaststoffe sind faserreiche Komponenten von pflanzlichen Lebensmitteln wie Obst, Gemüse, Hülsenfrüchten oder (Vollkorn)Getreide. Diese können nicht, wie Nahrung üblicherweise, im Dünndarm verdaut werden. Deshalb wandern sie in den Dickdarm. Dort dienen sie den gesundheitsfördernden Milchsäurebakterien als Nahrung und sorgen für deren Wachstum. Beim Abbau der Ballaststoffe durch die guten Bakterien entstehen kurzkettige Fettsäuren. Diese spielen eine wichtige Rolle bei der Regulierung des Blutdrucks. Denn: Kurzkettige Fettsäuren kreisen im Blutkreislauf und binden sich an Andockstellen (Rezeptoren) in der Niere und im Gefäßsystem. So regulieren sie unter anderem die Freisetzung des blutdruckkontrollierenden Enzyms Renin.

Probiotika bei Bluthochdruck

Studien zeigen, dass die Einnahme von probiotischen Lebensmitteln oder probiotischen Nahrungsergänzungsmitteln über einen Zeitraum von 4–21 Wochen den Blutdruck senken konnte. Wenn eine pflanzenbasierte, salzarme Ernährung alleine zur Blutdrucksenkung nicht ausreicht, können Probiotika-Präparate weiterhelfen. Achten Sie beim Kauf darauf, dass einer oder mehrere der folgenden Stämme zugesetzt wurde:

- ✓ L. helveticus
- ✓ L. casei
- ✓ L. bulgaricus
- ✓ L. rhamnosus
- ✓ L. plantarum
- ✓ Lactococcus lactis
- ✓ Strept. Thermophilus
- ✓ Saccharomyces cerevisiae

Fakten!

Was sind eigentlich Probiotika?

Gesundheitsfördernde, lebende Bakterien wie Milchsäurebakterien werden als Probiotika bezeichnet. Natürlicherweise kommen sie in höherer Anzahl in fermentierten Lebensmitteln wie frischem Sauerkraut oder Naturjoghurt vor. In den als probiotisch gekennzeichneten Joghurts wurden zusätzlich größere Mengen eines bestimmten Bakterienstamms, etwa Bifidobakterien, hinzugegeben.

Fett- und eiweißarme Ernährung

Eine weitere Studie fand bei Bluthochdruckpatienten zu wenige gesundheitsfördernde und zu viele ungünstige Bakterien (Eubacterium rectale) im Darm. Mögliche Erklärung: Eine zu fett- und proteinreiche sowie ballaststoffarme Ernährung fördert die Vermehrung ungünstiger Darmbakterien. Stoffwechselprodukte von Eubacterium rectale bewirken eine Gefäßverengung, das lässt die Blutdruckwerte nach oben schießen.

Die besten Ballaststofflieferanten

Lebensmittel	Ballaststoffe in g/100g
Weizenkleie	43
geschrotete Leinsamen	25–30
Kürbiskerne	18
Haferkleie	15
Roggen	15
Brechbohnen, Kidneybohnen, weiße Bohnen	25
Erbsen	22
Schwarze Bohnen	16
Roggenknäckebrot	15
Kichererbsen	12–15
Linsen	11–17
Schwarzwurzel	17
Weizen	13
Sonnenblumenkerne	11
Dinkel, Hafer	11
Buchweizen	10
Haselnüsse	10
Pumpernickel	10
Sojabohnen	9

Lebensmittel	Ballaststoffe in g/100g
Walnüsse	8
Roggenvollkornbrot, Vollkornbrot mit Kernen	8
Vollkornnudeln	8
Mais	7
Avocado	7
Himbeeren	7
Esskastanien (Maroni)	5
Brombeeren, Blaubeeren	5
Johannisbeeren, Stachelbeeren	4
Rosenkohl, Grünkohl	3–4
Karotte, rote Bete	3
Birnen, Kiwis	3
Erdbeeren	3
Brokkoli, Blumenkohl	2–3
Süßkartoffel	2–3
Äpfel	2–3
Paprika	2

Ernährung: salzarm und kaliumreich

Kalium fördert Blutdruckbalance

Experten der Deutschen Hochdruckliga empfehlen neuerdings auch eine erhöhte Kaliumaufnahme. Kalium ist für den Körper überlebenswichtig, da jede Körperzelle diesen Mineralstoff benötigt. Ohne ihn funktionieren weder Herz noch Muskeln oder Nervensystem. Gemeinsam mit Magnesium stabilisiert Kalium die Herzzellen. Das ist wichtig für den Herzschlag. Aber Kalium wirkt auch als Gegenspieler zu Natrium (Salz): Bei kaliumreicher Ernährung erhöht eine natriumreiche Kost den Blutdruck weniger stark als bei kaliumarmer Ernährung.

Daher die Empfehlung: Täglich mehr als 3000 Milligramm Kalium auf den Teller. Das gilt jedoch nicht für Menschen mit einer fortgeschrittenen, chronischen Nierenerkrankung.

Lebensmittel	**Kaliumgehalt in mg/100 g**
Sojabohnen	1800
Getrocknete Aprikosen	1370
Getrocknete Pfirsiche	1340
Pistazienkerne	1020
Datteln	676
Grünkohl	490
Rosenkohl	450
Gekochte Kartoffeln (mit Schale)	443
Feldsalat	420
Bananen	382

Quelle: AOK

Würzen ohne Salz

Salzarme und kaliumreiche Mahlzeiten können auch mit wenig Salz aromatisch schmecken. Frische Kräuter und Gewürze, abgeriebene Bio-Zitrusfruchtschale (Zitrone, Orange, Limette) und geröstete Samen und Nüsse spielen eine wichtige Rolle beim Würzen. Sellerie reichert Gerichte mit herzhaften Umami-Noten an, angebratene Zwiebeln und Knoblauch bringen Röstaromen mit. Wer es gerne scharf mag, kann Chili, Peperoni und Ingwer verwenden. Am besten auf Vielfalt setzen – Gewürzmischungen machen das leicht.

Salz im Visier

Verstecktes Salz aufzuspüren, lohnt sich, weil es oft unerwartet auftaucht, und so unser täglicher Konsum unbemerkt steigt.

Senf

Senf enthält knapp 3 Gramm Salz pro 100 Gramm. Zwei Teelöffel Senf verbrauchen etwa die Hälfte der empfohlenen Salzmenge pro Mahlzeit (bei salzarmer Kost). Alternative: Sahne-Meerrettich.

Käse

Bei der Käseherstellung spielt Salz eine entscheidende Rolle: Im Salzbad (oder beim Trockensalzen) wandert Salz in den Käse. Körniger Frischkäse und Mozzarella gehören zu den salzärmeren Sorten.

Fertigprodukte

Fertiggerichte und Convenience-Produkte wie Saucen, Dips und fertige Gerichte aus Kühltheke, Konserven oder Tiefkühler enthalten oft hohe Salzmengen.

Brot & Brötchen

Salz sorgt beim Backen für bessere Gärung, Porung, Kruste und Bräunung. In einer Scheibe Brot steckt oft 1 Gramm Salz und mehr und damit fast das Limit pro Mahlzeit. (Rezepte zum Selberbacken s. S. 54)

Wurstwaren

In der Wurstherstellung ist Salz wichtig, es verbessert etwa die Bindung. Geräuchert oder gepökelt? Da steckt besonders viel Salz drin. Eine Bratwurst enthält bis zu 2 Gramm Salz – zu viel für eine Mahlzeit.

Gemüsebrühe

Zwei Teelöffel Brühe enthalten etwa 1 Gramm Salz. Damit ist die empfohlene Salzmenge pro Mahlzeit nahezu erreicht. Greifen Sie besser zu salzfreien Brühen und Fonds.

Stress: Belastung für Seele & Körper

Der Umgang mit Stress ist ein weiteres, wichtiges Werkzeug, um Bluthochdruck natürlich zu behandeln. Medizinisch nennt sich dieser Bereich Mind-Body-Medizin oder auch Ordnungstherapie. Wer permanent unter Strom steht, muss langfristig mit erhöhtem Blutdruck rechnen. Damit sind nicht nur Situationen gemeint, in denen Sie beruflich oder privat viel erledigen müssen. Auch emotionaler Stress, wie Belastungen, Streit und Sorgen, kann den Blutdruck erhöhen. Sie sollten daher regelmäßig Pausen machen und sich um seelische Entspannung kümmern. Denn Stressabbau trägt dazu bei, den Blutdruck wieder zu regulieren.

Mythen?

Herz-Kreislauf-Erkrankungen haben ausschließlich eine körperliche Ursache

Das stimmt nur teilweise. Laut Kaufmännischer Krankenkasse haben in den letzten 10–12 Jahren Herz-Kreislauf-Erkrankungen um rund 17 Prozent zugenommen, im Zusammenhang mit psychischen Diagnosen sogar um rund 37 Prozent. Durchschnittlich jeder zehnte Herzpatient erhält eine Stressdiagnose, unter den berufstätigen Versicherten sogar jede siebte Person. 2021 gab es bei der Kaufmännischen Krankenkasse über 550.000 Versicherte mit einem Herz-Kreislauf-Leiden. Etwa 55.000 davon hatten zusätzlich eine stressbedingte psychische Diagnose (akute Belastungsreaktion, Depression). Generell zeigen die Krankenkassendaten einen auffällig hohen Anteil an Versicherten mit Herzleiden und zusätzlich stressbedingten psychischen Beschwerden.

Wenn das Leben Stress macht

Der Alltag in einer durchorganisierten, digitalisierten Welt lässt ein Leben ohne Stress fast nicht mehr zu. Täglich sind wir einem schier nicht abreißen wollenden Strom von Informationen und Reizen ausgesetzt. Stetig ansteigende Anforderungen in Beruf oder Alltag, Termindruck sowie Konflikte in Familie und Büro belasten zusätzlich. Auf Dauer stört das unsere innere Ruhe und Ausgeglichenheit empfindlich. In dieser Dauerstressschleife kann die Widerstandsfähigkeit (Resilienz) und Kompensationskapazität unseres Körpers sich erschöpfen, es kommt zur Krankheit.

Bloß kein (Dauer)Stress

Hinter dem Phänomen Stress steht zunächst ein harmloser, aber lebensnotwendiger Mechanismus, der unseren Körper auf eine bevorstehende Bedrohung vorbereitet – wir sind im „Flucht- oder Kampfmodus". Die Nebenniere schüttet Cortisol und Adrenalin aus. Diese „Stresshormone" helfen dem Körper, Anstrengungen zu vollbringen: die Sinne sind geschärft, Höchstleistungen sind möglich. Sobald die Situation vorbei ist, lässt die Anspannung nach.

Bei Dauerstress hingegen bleibt der Körper in Alarmbereitschaft. Die Folge: Stresshormone und Blutdruck bleiben hoch. Es herrscht Distress – negativer Stress. Menschen, die ständig gestresst sind, haben in der Regel eine erhöhte Herzfrequenz, einen höheren Blutdruck und eine Überproduktion von Cortisol, was zu Angstzuständen, Schlaflosigkeit oder Depressionen führen kann.

Dauerstress gehört neben Rauchen, zu hohem Alkoholkonsum, schlechter Ernährung, Übergewicht sowie Bewegungsmangel zu den wichtigsten vermeidbaren Risikofaktoren für Herz-Kreislauf-Erkrankungen.

Stress: der richtige Umgang

Stressempfinden und Stressverarbeitung sind individuell sehr unterschiedlich. Bei dem einen schnellt der Stresspegel in die Höhe, wenn er zehn Minuten im Stau steht, während ein anderer völlig gleichmütig darauf reagiert. Zudem können innere Reize wie Sorgen und Ängste genauso emotionalen, physischen und psychischen Stress auslösen wie realer Leistungsdruck.

Fakten!

Resilient: Wie ein Stehaufmännchen

Ein resilienter Mensch ist körperlich, geistig und seelisch in der Lage schwierige Lebensphasen ohne anhaltende Beeinträchtigung durchzustehen. Während andere auf extreme Belastungssituationen mit Angsterkrankungen, körperlichen Symptomen, Sucht oder Depressionen reagieren, perlt der Stress an resilienten Menschen ab. Oft sind diese Menschen schon nach kurzer Zeit wieder in Hochform. Resiliente Menschen haben meist starke Wurzeln, stabile Beziehungen sowie eine optimistische Grundhaltung. Für sie ist das Glas immer halb voll.

Stress und Spannungen abbauen

Egal wo Sie gerade stehen: Jeder Mensch benötigt Pausen vom Alltagstrott. Während manche Menschen gerne spazieren gehen, ein Bad nehmen oder eine Tasse Tee trinken, brauchen andere vielleicht stärkere Maßnahmen, um Stress und Spannungen abzubauen. Wem es gelingt, sich regelmäßig selbst runterzuregulieren, dem wird es gelingen, Stress besser auszuhalten und schneller wieder in Balance zu kommen. Und so lässt sich Erstaunliches bemerken:

„Irgendwann ändern sich nicht die Dinge, sondern die Bedeutung, die wir ihnen geben."

Henry David Thoreau (Schriftsteller und Philosoph)

Gegenmittel für Anspannung: Entspannung

Die „Entspannungsreaktion" (Relaxation Response) ist der physiologische Gegenspieler der automatisch ablaufenden „Kampf- oder Fluchtreaktion". Sie hilft uns zu entspannen – unabhängig von der Entspannungsmethode.

Das Auslösen der Entspannungsreaktion ist eine einfache, aber wirkungsvolle Methode, die helfen kann, die allgemeine Gesundheit und das Wohlbefinden zu verbessern und stressbedingten Herz-Kreislauf-Erkrankungen vorzubeugen. Sie bewirkt:

- ✓ weniger Stress und Angst
- ✓ verbesserte Schlafqualität
- ✓ eine Blutdrucksenkung
- ✓ reduzierte Schmerzen
- ✓ eine verbesserte Verdauung
- ✓ erhöhte Energieniveaus

Techniken wie Meditation, Mantra, geführte Imagination, Autogenes Training, Beten, progressive Muskelentspannung, Tiefenatmung, Qigong, Tai-Chi, Yoga und Body Scan (siehe S. 24/25) können eingesetzt werden, um die Entspannungsreaktion hervorzurufen. Bereits 1975 wurde die therapeutische Bedeutung dessen von Dr. Herbert Benson, dem emeritierten Direktor des Mind Body Medical Institute der Harvard Medical School, erforscht und beschrieben.

Meditationsübung: Relaxation Response nach Benson

Atmen Sie tief in den Bauch und konzentrieren sich auf ein mehrsilbiges Wort, beispielsweise Ozean, oder eine Zahl. Wiederholen Sie dieses Wort gedanklich oder leise vor sich hin. Schweifen Ihre Gedanken ab, kommen Sie immer wieder auf das Wort oder die Zahl und atmen weiter tief ein und aus.

Üben Sie dieses mindestens zwei Mal pro Woche zehn Minuten und Sie werden gelassener sein.

Stressbewältigung dank Achtsamkeit

Achtsamkeit ist in den letzten Jahrzehnten immer mehr in unser Bewusstsein gerückt. Achtsamkeit kann als nicht wertendes Wahrnehmen des Augenblicks bezeichnet werden. Oft ist unser Leben auf Automatik geschaltet. Wir machen vieles, ohne wirklich innerlich dabei zu sein. Mit Achtsamkeit kann es uns gelingen, aus diesem Automatismus förmlich aufzuwachen und möglichst jeden Moment des Lebens mit allen Gedanken, Emotionen und Körperempfindungen bewusst wahrzunehmen. Achtsamkeit hilft auch dabei, eine neue Einstellung zu schwierigen Lebensumständen zu entwickeln. Das wiederum fördert langfristig Konzentration, Wohlbefinden, Gesundheit und Glück.

Achtsamkeit ist angeboren

Das Gute ist, dass Achtsamkeit gar nicht erst erworben werden muss, da sie schon in jedem Menschen angelegt ist. Achtsamkeit ist wie ein Muskel, der von Geburt an vorhanden ist, jedoch selten oder nie trainiert wurde. Sie wollen das ändern? Für diesen Zweck hat Prof. Dr. Jon Kabat-Zinn bereits 1979 eine Art Trainingsprogramm gestaltet.

Achtsamkeit kann trainiert werden

Der Molekularbiologe entwickelte an der Stressreduktionsklinik der Universität von Massachusetts (USA) die MBSR-Methode, die inzwischen weltweit eingesetzt wird. MBSR steht für Mindfulness Based Stress Reduction und wird auf Deutsch oft mit „Stressreduktion durch Achtsamkeit" übersetzt. MBSR umfasst ein achtwöchiges Achtsamkeitsprogramm, bei welchem Achtsamkeit (mindfulness) systematisch trainiert wird. Ursprünglich für den Gesundheitssektor konzipiert, wird das Programm heutzutage in vielen beruflichen und privaten Kontexten angewandt.

So wirkt MBSR
Ziel der MBSR-Methode ist es, die eigenen Ressourcen zu entdecken und besser mit körperlichem und emotionalem Stress umgehen zu lernen. Teilnehmende finden mehr innere Ruhe und Klarheit, auch wenn die äußeren Umstände herausfordernd sind. MBSR ist die weltweit am häufigsten erforschte Stress-Management-Technik.

Ursprung in der Meditation
Ihre Grundlage hat die Besinnung auf die Achtsamkeit in jahrhundertealten buddhistischen Meditationstechniken. In den 1970er-Jahren passte Jon Kabat-Zinn diese Meditationstechniken für die westliche Welt an und entwickelte MBSR als Methode für alle Menschen, die aktiv an der Verbesserung ihrer aktuellen Situation arbeiten möchten. MBSR ist keine Religion, weltanschaulich völlig unabhängig und damit offen für Menschen aller Glaubensrichtungen wie auch Agnostiker.

Achtsamkeit im täglichen Leben

Inwieweit Achtsamkeitsmethoden Ihr Leben und Ihre Gesundheit verändern und verbessern können, hängt von Ihrer Motivation und der investierten Zeit ab. Je mehr Sie die Achtsamkeitsübungen in Ihr tägliches Leben integrieren, desto intensiver werden sich auch die positiven Wirkungen zeigen. Schlussendlich ist Achtsamkeit keine bloße Technik, sondern eher eine innere Haltung, die es Ihnen ermöglicht, im eigenen Leben präsenter zu sein und dieses bewusster zu leben.

Der Bodyscan

Der Bodyscan ist eine Übung aus dem MBSR-Programm (siehe S. 22/23) und ein hervorragender Einstieg in Achtsamkeit und Entspannung. Damit der Bodyscan seine volle Wirkung entfalten kann, sollte er idealerweise mindestens einmal täglich, je nach Übungsstand für 15 bis 45 Minuten praktiziert werden.

Der Bodyscan ist eine sehr sichere Übung. Es können jedoch zuweilen unangenehme Gefühle, Gedanken oder emotional belastete Momente, die schon länger im Unterbewusstsein schlummern, auftauchen und sich mehr oder weniger hartnäckig in den Vordergrund schieben. Lassen Sie sie zu. Betrachten Sie jeden Gedanken, jede Empfindung, jede Emotion völlig wertfrei. Es gibt keine „falschen" und „richtigen" Gedanken, Emotionen und Empfindungen.

Übungsanleitung

1.

Legen Sie sich auf einer Matte oder Decke auf den Boden und achten Sie darauf während der Übung nicht einzuschlafen.

2.

Schließen Sie die Augen – allerdings nur, wenn Sie nicht dazu neigen, schnell einzuschlafen. Sonst lassen Sie sie offen. Spüren Sie Ihren gesamten Körper vom Kopf bis zu den Zehen und nehmen Sie ihn als Ganzes wahr.

3.

Lassen Sie nun Ihre Aufmerksamkeit zu den Zehen des linken Fußes gleiten und beschäftigen Sie sich mit allem, was Sie dabei wahrnehmen: Wie warm oder kalt fühlt es sich an? Kribbelt es irgendwo? Wohin zeigen die Zehen? Es kann auch helfen, sich vorzustellen, den eigenen Atem an die zu spürende Stelle zu lenken: In diesem Fall schicken Sie also einen ruhigen Atemzug von der Nase durch Brust, Bauch und Bein bis hin zu den Zehen. Es ist nicht schlimm, wenn Sie nichts spüren – auch das ist eine intensive Wahrnehmung.

4.

Richten Sie nun die Aufmerksamkeit für einen Moment auf den eigenen Atem und darauf, wie er durch den Körper fließt.

5.

Nun geht das Spüren Ihres Körpers nach und nach weiter zu den Fußsohlen, Fersen und Knöcheln. Lassen Sie auch diesmal die Atmung in den jeweiligen Körperteil wandern, registrieren Sie, wie es sich anfühlt, und lassen Sie diese Empfindung anschließend direkt wieder los.

Achten Sie darauf, zwischen jedem einzelnen Körperteil die Aufmerksamkeit erneut kurz zurück zur Atmung zu lenken. Tauchen bei Ihnen von der Übung abweichende Gedanken auf, konzentrieren Sie sich immer wieder auf die Atmung, bis sich diese Gedanken verflüchtigen.

6.

Gehen Sie nun über zu den Zehen des rechten Fußes. Anschließend tasten Sie sich auf gleiche Weise nach und nach vollständig durch Ihren Körper, über das linke und rechte Bein zum Rumpf, zu den Armen, zu Hals, Schultern, Nacken und schließlich über den Kopf bis zum Scheitel. Richten Sie Ihre Aufmerksamkeit ausschließlich auf den Atem und die Empfindungen der verschiedenen Körperregionen. Lassen Sie die Gefühle anschließend bewusst los.

7.

Beenden Sie den Bodyscan, indem Sie die letzten Minuten möglichst entspannt verbringen. Sie müssen sich nicht mehr aktiv auf etwas konzentrieren, sondern können einfach ruhen.

8.

Dann richten Sie sich langsam auf. Vielleicht möchten Sie sich zuerst einmal aufsetzen und einen Moment im Sitzen verharren, damit Ihnen beim Aufstehen nicht schwindlig wird.

Stressbewältigung durch Atmen

Die richtige Atemtechnik lindert Stress und fördert Ihre Gesundheit. Entscheidend ist eine ruhige, tiefe Bauchatmung. Diese reduziert Stress und wirkt wie eine Pause. Langsame, tiefe Atemzüge versetzen den Körper in einen schlafähnlichen Zustand und schaffen dadurch Entspannung. Optimal ist es, wenn Sie doppelt so lange aus- wie einatmen. Sie machen es richtig, wenn Ihr Bauch sich beim Einatmen sichtbar nach außen wölbt. Diese Technik versorgt ihren Körper mit reichlich Sauerstoff, etwa achtmal mehr als bei flacher Brustatmung. Weitere Benefits: Puls und Blutdruck können absinken.

Tiefe Bauchatmung mit der 4/7/11-Regel

So geht's:

- ✓ Zählen Sie beim Einatmen langsam bis 4.
- ✓ Zählen Sie beim Ausatmen langsam bis 7.
- ✓ Wiederholen Sie dieses bewusste, langsame, tiefe Atmen für 11 Minuten.

„Auch die Atemgymnastik kann mit dem Spaziergange leicht verbunden werden. Man bleibe unterwegs einige Minuten stehen und ziehe ganz langsam, tief Atem holend, die frische Luft ein, halte sie ein wenig in den Lungen zurück und atme sie dann ebenso langsam wieder aus."

Sebastian Kneipp

Pranayama: Yoga-Atemtechnik

Im indischen Yoga haben Atemübungen einen wichtigen Stellenwert. Sie werden dort Pranayama genannt. Das Wort setzt sich zusammen aus Prana („Lebensenergie") und Ayama („kontrollieren").

„Der Atem ist der König des Geistes."

B. K. S. Iyengar

Ein Charakteristikum dieser Übungen ist das lange Ausatmen, was zu einer Beruhigung des Nervensystems führt. Dadurch können beispielsweise Stress abgebaut, Schlafstörungen gelindert und das Immunsystem gestärkt werden. Über diesen vertieften Atem können wir unangenehme Emotionen besser loslassen und zu innerer Klarheit finden.

Gut für schwache Nerven: Atemübungen

Darüber hinaus werden durch die Atemübungen die Zellen intensiver mit Sauerstoff versorgt, wodurch sich der gesamte Organismus besser regenerieren kann. Pranayama, insbesondere langsame Atemübungen, sind dafür bekannt, dass sie direkte und unmittelbare Auswirkungen auf das autonome Nervensystem und den Blutdruck haben. Für Anfänger geeignet ist die Wechselatmung (Nadi Shodhana).

Bei allen Atemübungen gilt: Halten Sie auf keinen Fall die Luft an. Denn das erhöht den Blutdruck weiter!

Anleitung für die Yoga-Wechselatmung

Für die Wechselatmung setzen Sie sich bequem hin. Halten Sie sich mit Daumen und Ringfinger einer Hand abwechselnd ein Nasenloch zu und atmen durch das andere. Dazu nutzen Sie den Daumen und Ringfinger einer Hand. Das Atemmuster folgt einer liegenden 8, das heißt: Sie atmen links ein (halten rechts zu), rechts aus (halten links zu), rechts wieder ein, links aus, links wieder ein, rechts aus. Üben Sie dieses für mehrere Runden.

Stressbewältigung mit Yoga

Yoga kann bei Bluthochdruck die Therapie unterstützen und blutdrucksenkend wirken. Dies zeigen mittlerweile eine Reihe von Studien. Die American Society of Hypertension (Amerikanische Bluthochdruck-Gesellschaft) berichtet von Yoga-Teilnehmenden, die ihren Blutdruck um 4–5 mmHg senken konnten. Folgende Yogaübungen sind empfehlenswert, sie senken Ihren Blutdruck in stressigen Zeiten.

Balasana

Die Stellung des Kindes

Diese Pose ist gut für den Rücken, kann aber beispielsweise auch Verstopfungen lindern und das Nervensystem beruhigen.

Setzen Sie sich hierzu mit dem Po auf die Fersen, die Knie sind etwa hüftschmal auseinander. Lehnen Sie sich nach vorne und strecken Sie die Arme vor sich auf dem Boden aus. Legen Sie die Stirn auf dem Boden oder auf einem Kissen und den Oberkörper auf den Knien ab. Halten Sie die Position mindestens 10 Atemzüge.

Sukhasana

Die angenehme Sitzhaltung

Die meditative Pose hilft Körper und Geist zu beruhigen.

Setzen Sie sich im Schneidersitz auf eine weiche Matte. Die Knie sinken locker nach außen, das Becken ist gerade aufgerichtet. Legen Sie die Hände auf die Knie, die Handflächen zeigen nach unten. Halten Sie den Rücken gerade, die Brust ist gehoben und die Schädeldecke zieht nach oben. Atmen Sie langsam und bewusst durch. Halten Sie die Position so lange, wie Sie möchten und lauschen Sie dazu beruhigenden Klängen.

Virasana

Die Haltung für Heldinnen und Helden

Diese Pose öffnet die Brust, was den Blutfluss im ganzen Körper fördert und den Blutdruck normalisieren kann.

Knien Sie sich auf eine Matte, die Knie sind dicht beieinander, die Füße etwas weiter als hüftbreit auseinander. Setzen Sie sich mit dem Po auf die Fersen. Legen Sie die Hände auf die Oberschenkel und strecken Sie den Rücken gerade durch. Spannen Sie die Bauchmuskeln an und blicken Sie auf Ihre Nasenspitze. Legen Sie als Nächstes die Hände auf die Matte hinter Ihren Zehen. Die Fingerspitzen sollten dabei nach vorne in Richtung Po zeigen. Kippen Sie die Schultern sanft nach hinten und richten Sie den Blick zur Decke. Halten Sie diese Position 10 Atemzüge.

Baddha Koṇāsana

Der Schmetterling

Diese Übung wird gerne schwangeren Frauen empfohlen, weil sie die Durchblutung im ganzen Körper verbessert.

Setzen Sie sich auf die Matte und strecken Sie die Beine nach vorne. Ziehen Sie die Füße sanft mit den Händen in Richtung Becken, bis sich Ihre Fußsohlen vor Ihnen berühren und die Knie gespreizt sind. Halten Sie den Rücken gerade. Drehen Sie den Fußrücken mit den Händen leicht in Richtung Boden und drücken Sie Ihre Knie sanft nach unten, indem die Vorderseiten Ihrer Oberschenkel nach außen und unten sinken. Halten Sie die Position 10 Atemzüge.

Variante Sarvangasana

Beine an die Wand

Die Übung kann gegen Schlaflosigkeit, Migräne und Verdauungsstörungen helfen, Angstgefühle lindern und den Blutdruck senken.

Diese Übung ist sehr einfach. Legen Sie sich auf den Rücken und rutschen Sie mit dem Po an eine Wand. Strecken Sie die Beine über sich entlang der Wand aus.

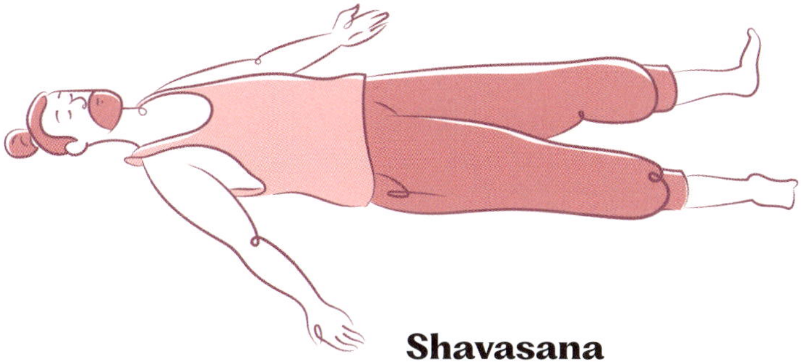

Shavasana

Die Totenstellung

Diese Übung fördert den Stressabbau, was wiederum den Blutdruck senken kann.

Legen Sie sich mit ausgestreckten Armen und Beinen auf den Boden, die Zehen sinken locker nach außen. Lassen Sie bewusst den Körper tief in die Matte sinken. Atmen Sie tief ein, spannen Sie kurz den ganzen Körper an und atmen Sie dann mit einem lauten „Haaa"-Geräusch aus. Wiederholen Sie die Übung mehrere Male. Sie können in dieser Position auch Meditieren.

Schweigend im Wald baden

Waldbaden, erfunden in Japan, beschreibt eine bewusste und entspannende Erfahrung des Aufenthalts im Wald. Der japanische Begriff „Shinrin Yoku" bedeutet wörtlich „Baden im Wald". Jedoch bezieht sich dies nicht auf das physische Baden in einem Waldsee, sondern auf das Eintauchen in die Atmosphäre des Waldes. Eine wichtige Komponente von Shinrin Yoku ist das bewusste Erleben der Natur durch alle Sinne, oft kombiniert mit Entspannungsübungen.

Stress lässt nach — im Wald

Das Eintauchen in die Umgebung „Wald" senkt die Cortisol-Konzentration. So wird Stress reduziert, Puls und Blutdruck sinken. Gleichzeitig wird die Ausschüttung des Hormons DHEA stimuliert, dieses schützt unser Herz-Kreislauf-System. Für eine Untersuchung spazierten Menschen für einige Stunden entweder durch den Wald oder in der Stadt umher. Diejenigen, die im Wald unterwegs waren, konnten danach mit niedrigeren Blutdruckwerten aufwarten als Teilnehmerinnen und Teilnehmer der Stadtgruppe.

„Es gibt kein WLAN im Wald, aber dafür eine viel bessere Verbindung."

Thomas Rampp

Fakten!

So hilft Waldbaden

Die folgende Atemübung des Waldbadens ist gleichzeitig auch eine kleine Meditation. Sie hat zahlreiche, gesundheitsförderliche Benefits.

- ✓ beruhigend
- ✓ blutdrucksenkend
- ✓ stresslindernd
- ✓ unterstützt das Immunsystem
- ✓ mindert Unruhe
- ✓ verbessert Atemwegsprobleme

Nach der Übung fühlen Sie sich wach und in Ihrer Mitte.

Übung zum Waldbaden: Spüre deine Wurzeln

1.

Suchen Sie sich einen behaglichen Platz im Wald, wo Sie fest und sicher stehen können. Sie möchten eine stärkere Verbindung zum Boden spüren? Dann ziehen Sie doch einfach Ihre Schuhe aus. Achten Sie auf einen entspannten, aufrechten Stand und schließen Sie Ihre Augen.

2.

Konzentrieren Sie sich auf Ihren Atemfluss: Spüren Sie, wie jede Einatmung automatisch von einer Ausatmung begleitet wird. Beobachten Sie Ihren Atem, ohne ihn zu verändern. Vielleicht bemerken Sie die Luft an der Nasenspitze, das Heben und Senken Ihrer Brust oder Ihres Bauches. Bleiben Sie einige Atemzüge lang in dieser bewussten Wahrnehmung.

3.

Stellen Sie sich vor, Sie seien ein Baum. Mit jedem Atemzug verwurzeln Sie sich tiefer im Boden. Nehmen Sie wahr, wie Sie mit jeder Einatmung Energie aus der Waldluft aufnehmen. Nutzen Sie die Chance, mit jeder Ausatmung Blockaden und Belastungen über Ihre Wurzeln in den Boden abfließen zu lassen.

4.

Verweilen Sie in dieser bewussten, tiefen Atmung so lange, wie es sich für Sie gut anfühlt. Kehren Sie dann langsam ins Hier und Jetzt zurück und öffnen die Augen. Spüren Sie die neu gewonnene Energie.

Variante

Nutzen Sie gerne Ihre Arme als „Äste“, um sie im Wind zu bewegen. Stellen Sie sich vor, wie diese Äste mit Blättern wachsen und neue Kraft schöpfen.

Entspannter schlafen: ein Mittel gegen Bluthochdruck

Schon gewusst? Blutdruck ist nachts niedriger. Normalerweise fällt unser Blutdruck nachts, während wir schlafen, um 10 bis 20 Prozent ab. Bei einigen Menschen kann es jedoch vorkommen, dass auch während des Nachtschlafs ein hoher Blutdruck bestehen bleibt. Meist ist der Blutdruckanstieg auf starken Stress zurückzuführen, unter dem Betroffene tagsüber leiden und der sich auch nachts noch bemerkbar machen kann.

Ruhelos durch die Nacht

Eine kurze Schlafdauer scheint sich ungünstig auf den Blutdruck auszuwirken. Durch eine ausreichende Nachtruhe können Sie dazu beitragen, Ihren Blutdruck möglicherweise etwas zu senken. Wissenschaftler vermuten, dass ein Mangel an Schlaf die Stressachse (Hypothalamus-Hypophysen-Nebennierenrinden-Achse) aktiviert. Dies führt zu erhöhter Cortisolproduktion, einem Stresshormon, das wiederum den Blutdruck steigert. Außerdem kann schlechter oder zu wenig Schlaf wiederum unseren Körper stressen und so den Blutdruck in die Höhe treiben.

Fakten!

Fast wie auf Knopfdruck: Einschlafen mit Akupressur

Eine der häufigsten Ursachen für Schlafstörungen sind unsere eigenen Gedanken, die unaufhörlich im Kopf kreisen, auch nach Feierabend. Besonders wirkungsvoll ist deshalb der Akupressurpunkt „Yin tang" – unser sogenanntes drittes Auge. „Yin tang" befindet sich direkt zwischen den Augenbrauen. Das Drücken entspannt unseren Geist und die Gedanken kommen zur Ruhe. Schließen Sie dazu Ihre Augen und drücken Sie eine Minute lang sachte auf die Stelle. Atmen Sie dabei langsam und gleichmäßig.

Gesundheitsrisiko: Zu wenig Schlaf

Eine Studie zeigte: Die Wahrscheinlichkeit, einen Bluthochdruck zu entwickeln, steigt mit jeder fehlenden Stunde an Schlaf um 37 Prozent. Bei einer Schlafdauer unter sechs Stunden täglich ließ sich sogar ein um 70 Prozent höheres Bluthochdruckrisiko nachweisen. In einer anderen Studie wurden mehr als 1.000 Hausarzt-Patientinnen und -Patienten untersucht. Ergebnis: Unter denjenigen, die 7 Stunden pro Nacht schliefen, litten 31 Prozent unter erhöhten Blutdruckwerten, bei den 5-Stunden-Schlafenden waren es 51 Prozent.

Gesundheitsrisiko: Einschlafstörungen

Eine weitere Studie widmete sich dem Zusammenhang zwischen der Einschlafdauer und erhöhten Blutdruckwerten. In dieser Untersuchung wurden Menschen mit seit mehr als einem halben Jahr bestehenden Schlafstörungen mit einer Kontrollgruppe von Normalschlafenden verglichen. Rund die Hälfte der Teilnehmenden war nach spätestens 14 Minuten eingeschlummert. Diejenigen, die länger brauchten, um in den Schlaf zu finden, zeigten ein vierfach erhöhtes Risiko für Bluthochdruck. Bei denjenigen, die länger als 17 Minuten wach lagen, bevor sie einschlafen konnten, stieg dieses Risiko sogar auf das Fünffache.

Schlafen wie ein Murmeltier — gut für den Blutdruck

Ein ausreichender und vor allem erholsamer Schlaf ist wichtig. Der Körper benötigt diese Ruhephase zur Regeneration, auch in Bezug auf die Blutdruckwerte. Die nachfolgenden Anwendungen können Ihnen dabei helfen, entspannter und leichter einzuschlafen.

Einschlafhilfen: Hausmittel und Anwendungen

Lavendel-Herzauflage

Die Herzauflage verströmt einen zarten und angenehmen Duft, sodass sie von Betroffenen sehr geschätzt wird. Sie hilft bei Einschlafschwierigkeiten und nervöser Unruhe durch schützende, beruhigende, zentrierende und stabilisierende Wirkung.

So geht's:
Streichen Sie die Aurum/Lavandula-Creme mit einem Holzspatel oder einem Messer dünn auf ein Baumwolltuch (ca. 12 x 12 cm), sodass eine glänzende Oberfläche entsteht. Geben Sie das Tuch mit der unbestrichenen Seite nach unten auf eine Wärmflasche, um es leicht anzuwärmen. Legen Sie es nun mit der bestrichenen Seite nach unten auf die nackte Haut Ihrer Herzgegend und decken ein etwas größeres Baumwolltuch darüber. Decken Sie sich zu und lassen Sie die Lavendel-Herzauflage mindestens eine Stunde oder über Nacht auf Ihrer Brust liegen.

Tipp: *Sie können das bestrichene Tuch zur mehrfachen Anwendung in einem verschließbaren Plastikbeutel aufbewahren und bei jeder Wiederverwendung ein wenig neu bestreichen.*

Mit aktiver Entspannung in 2 Minuten in den Schlaf

Wenn Gesicht und Körper entspannt und schlaff sind, ist der Weg zum Schlaf nicht mehr weit.

So geht's:
Beginnnen Sie mit Ihrem Gesicht: Schließen Sie die Augen, lassen Sie nacheinander ganz bewusst Kiefer, Zunge und Mund locker.

Weiter geht's mit dem restlichen Körper, entspannen Sie auch hier ganz bewusst. Zunächst Schultern und Nacken, dann Arme und Hände und zum Schluss schließlich Oberschenkel, Waden und Füße.

Tipp: Wenn Sie dann noch Ihr Gedankenkarussell stoppen können, steht einem schnellen Schlaf nicht mehr viel im Wege: Stellen Sie sich einen komplett dunklen Raum vor, in dem Sie ganz gemütlich im Bett oder auf der Couch liegen. Halten Sie das Bild einige Sekunden im Kopf fest. Sagen Sie sich dann wie ein Mantra den Satz: „nicht denken, nicht denken, nicht denken ...".

Mit etwas Übung wird es Ihnen so gelingen, schnell einzuschlafen.

Kneipp-Socken

Die nassen, kalten Socken, ein bewährtes, altes Hausmittel, haben einen ableitenden, beruhigenden und schlaffördernden Effekt. Dadurch können sie bei Schlafstörungen hilfreich sein. Zudem wirken sie entstauend, entzündungshemmend, blutdrucksenkend und herzentlastend.

So geht's:

Stellen Sie sicher, dass Ihre Füße warm sind. Erwärmen Sie sie ansonsten mit einem warmen Fußbad oder durch Bewegung. Tauchen Sie nun ein paar Leinensocken in kaltes Wasser, wringen diese gründlich aus, ziehen die Socken über Ihre warmen Füße und streichen alles glatt. Ziehen Sie nun Wollstrümpfe darüber und decken den ganzen Körper gut zu. Als Einschlafhilfe müssen Sie die Socken nicht mehr ausziehen.

Tipp: *Wenn Sie mögen, geben Sie noch etwas Heublumen, Kamille, Zinnkraut oder Lavendel in heißes Wasser und lassen es anschließend abkühlen. Pro halben Liter Wasser benötigen Sie 1 TL Pflanzen.*

Achtung: *Kneipp-Socken dürfen Sie nicht während der Menstruation, bei Nieren-Blasen-Beschwerden, beginnenden Erkältungskrankheiten und ansteigendem Fieber anwenden.*

Temperaturansteigendes Fußbad

Das ansteigende Fußbad ist besonders bei kalten Füßen geeignet. Es durchwärmt und ist ein gutes Mittel, um Einschlafstörungen zu verbessern. Kräuterzusätze wie Lavendel können die Wirkung verstärken.

So geht's:

Sie lassen 35 Grad warmes Wasser (handwarm) wadentief in einen Behälter, in dem Ihre Füße bequem stehen können. Ihr Oberkörper ist warm zugedeckt. Das Wasser reicht bis zur Wadenmitte. Innerhalb von 12–15 Minuten gießen Sie langsam heißes Wasser zu und steigern die Temperatur, je nach Verträglichkeit, auf 39–41 Grad. Baden Sie die Füße in der Endtemperatur für einige Minuten, möglicherweise bis zum Schweißausbruch. Trocknen Sie sich danach ab und legen sich gut eingepackt zur Nachtruhe.

Achtung: *Sie leiden unter arteriellen Durchblutungsstörungen (Raucherbein) oder Krampfadern? Dann das Fußbad nur bis zur Knöchelhöhe gestalten, sodass der Fußrücken knapp bedeckt ist. Und sprechen Sie am besten vorab mit Ihrem behandelnden Arzt/Ihrer Ärztin.*

Besser bewegen bei Bluthochdruck

Radeln, Joggen oder doch lieber Pumpen? Welche Sportart in Sachen Blutdrucksenkung eindeutig die Nase vorn hat, wurde jetzt erforscht. Zur Regulierung von Bluthochdruck hat sich vor allem leichter Ausdauersport etabliert. Während Experten hier grundsätzlich raten, es nicht zu übertreiben und nur bei gut eingestellter Hypertonie überhaupt zu trainieren, gibt es jetzt ein Update. Eine aktuelle Studie beschäftigt sich mit der Frage, welche Sportarten Bluthochdruck besonders effektiv in den Griff bekommen.

Welches Training ist am besten?

Eine aktuelle Studie aus dem British Journal of Sports Medicine ging der Frage nach, welche Sportart bei Bluthochdruck am effektivsten sei. Dazu wurden in einer gründlichen Untersuchung viele Studien im Zeitraum von 1990 bis 2023 überprüft. Die Wissenschaftler und Wissenschaftlerinnen suchten nach Studien, in denen Menschen für mindestens 2 Wochen an Bewegungsprogrammen teilnahmen, während eine andere Gruppe keine spezielle Bewegungsintervention erhielt. Insgesamt schloss die umfangreiche Betrachtung 270 Studien mit 15.827 Menschen ein.

Die Ergebnisse der Studie waren ermutigend. Alle Arten von Sport oder Bewegung haben den systolischen und diastolischen Blutdruck signifikant gesenkt. Doch was wirkt am besten?

Schneller, höher, weiter? So sporteln Sie am effektivsten

Aerobes Training, dynamisches Widerstandstraining und hochintensives Intervalltraining haben ähnlich gut funktioniert, um den Blutdruck zu senken.

Besonders effektiv waren isometrische Übungen wie der Wandsitz oder der Unterarmstütz. Diese Übungen haben den Blutdruck noch stärker gesenkt als die anderen Trainingsmethoden. Eine Kombination aus Kraft- und Ausdauertraining war auch sehr wirksam, landete aber auf dem zweiten Platz hinter den isometrischen Übungen.

Und falls Sie es aussitzen wollen: Bitte im Wandsitz! Denn eine genauere Analyse der Daten hat gezeigt, dass der Wandsitz die beste Art von Übung war, um den systolischen Blutdruck zu senken, während Laufen die beste Art von Übung war, um den diastolischen Blutdruck zu reduzieren. Diese beiden Übungen sind die Champions der Blutdrucksenkung.

Fakten!

Die besten Übungen bei Bluthochdruck

Der beste Blutdrucksenker sind isometrische Übungen. Ich empfehle Ihnen insbesondere den Unterarmstütz („Plank"), die Skihocke sowie den Wandsitz („Wall Sit"). Die Übungsbeschreibungen finden Sie auf S. 40. Ergänzend dazu können Sie sich einen sogenannten Cushion Grip besorgen – ein Mini-Trainingsgerät, mit dem Sie Handgriff-Kraftübungen zur Stärkung Ihrer Unterarmmuskulatur durchführen können.

Die besten isometrischen Übungen

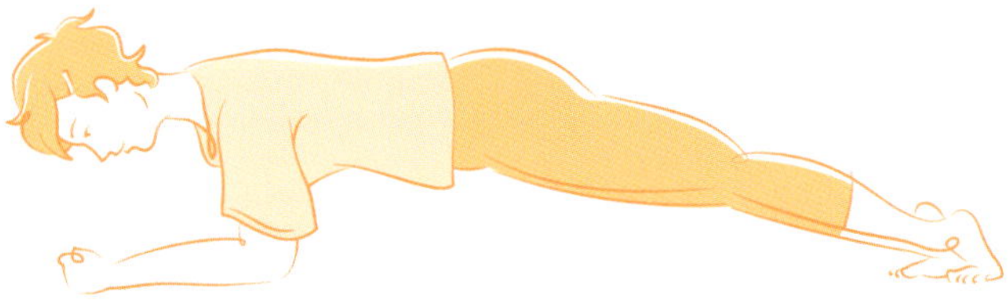

Unterarmstütz (Plank)

Gehen Sie in den Unterarmstütz, indem Sie die Ellenbogen unter den Schultern und nah am Körper platzieren. Die Arme zeigen nach vorn, die Hände sind zu Fäusten geformt und drücken sich seitlich in die Unterlage. Stellen Sie die Zehenspitzen auf, strecken Sie die Beine durch und halten Sie den Rücken gerade wie ein Brett. Die Schulterblätter ziehen nach innen, der Blick ist zwischen den Händen zum Boden gerichtet. Halten Sie diese Position für 25 Sekunden und steigern Sie die Zeit allmählich. Beenden Sie die Übung, sobald Sie die Position nicht mehr sauber halten können.

Wandsitz (Wall Sit)

Lehnen Sie sich mit dem Rücken an eine Wand, die Füße stehen schulterbreit auseinander. Bringen Sie Ihre Füße nach vorne und gleiten mit dem Gesäß nach unten, bis Ihre Oberschenkel einen rechten Winkel mit den Unterschenkeln bilden. Sie können Ihre Hände vor dem Körper verschränken oder locker hängen lassen. Manchmal erscheint die Übung leichter, wenn Sie sich mit den Händen auf den Oberschenkeln abstützen. Halten Sie diese Position mindestens 30 Sekunden lang.

Skihocke

Halten Sie sich an einem stabilen Gegenstand fest. Stehen Sie mit hüftbreit auseinander gestellten Beinen, Fußspitzen nach vorn. Gehen Sie in die Hocke, achten Sie auf Ihre Bauchspannung und schieben Sie Ihr Gesäß nach hinten. Die Knie sollten über den Füßen bleiben, ohne nach innen oder außen zu neigen. Kehren Sie langsam in die Ausgangsposition zurück, ohne die Knie zu überstrecken. Wiederholen Sie die Übung 10–15-mal und steigern Sie sich nach und nach.

Fakten!

Benötigt: Langer Atem!

Während isometrischer Übungen spannen Sie Ihre Muskeln kräftig an. Ihre Atemmuskulatur hingegen sollten Sie locker lassen. Was das bedeutet? Halten Sie nicht die Luft an, während Sie die Halteübungen durchführen. Sondern lassen Sie Ihren Atem weiterhin möglichst gleichmäßig und rhythmisch durch Ihren Körper fließen. Denn nur so können Sie Ihre Muskeln, die momentan Schwerstarbeit lassen, auch während der Belastung mit ausreichend Sauerstoff versorgen. Also: am besten gleichmäßig weiteratmen und vor allem regelmäßig trainieren.

Alle Hebel in Bewegung

Regelmäßige Bewegung ist die optimale „Medizin" um den Blutdruck wirksam zu senken. Selbst im höheren Alter kann regelmäßige Bewegung einen spürbaren Einfluss auf den Blutdruck haben. Ein hilfreiches Instrument, insbesondere wenn Medikamente ihre Wirkung mehr und mehr verlieren. Die gute Nachricht lautet: Es ist niemals zu spät! In jedem Alter lohnt es sich, aktiv zu werden.

Dinge ins Rollen bringen und am Ball bleiben

Entscheidend für den Erfolg ist die regelmäßige und langfristige Ausübung der gewählten Sportart. Am Anfang steht ein guter Plan. Wann können Sie bequem Bewegungseinheiten in Ihren Tag integrieren? Schreiben Sie sich ruhig zwei bis drei feste Termine auf, die Sie auch einhalten können. Dabei ist weniger mehr. Kommen Sie erstmal in Bewegung, und darauf bauen Sie dann auf. Starten Sie beispielsweise mit längeren Spaziergängen. Wenn das gut klappt, können Sie sich steigern und ein leichtes (Kraft-)Training dazunehmen. Das Wichtigste: Regelmäßig am Ball bleiben. Davon profitiert nicht nur Ihr Blutdruck, sondern auch Ihr allgemeines Wohlbefinden. Also, worauf warten Sie noch? Legen Sie los und machen Sie Bewegung zu Ihrer besten Medizin!

In Schwung kommen

Am besten klappt es, wenn Sie sich etwas vornehmen, das Sie gerne mögen. Schon nach wenigen Wochen regelmäßiger Aktivität werden Sie merken, dass Sie zudem mehr Energie haben.

Probieren Sie doch auch mal:

- ✓ Lange, zügige Spaziergänge, am besten in der Natur
- ✓ Schwimmen
- ✓ Radfahren
- ✓ Tanzen
- ✓ Nordic Walking
- ✓ Yoga

Sport ohne Schwitzen: Atmen

Mithilfe eines Atemtherapiegeräts gegen einen Widerstand einzuatmen kann helfen den Blutdruck zu senken. Laut einer Studie reichten schon wenige Minuten täglich, um den Blutdruck nachhaltig zu senken. Der Blutdruck konnte damit genauso gut verringert werden wie mit Sport.

Blutdruck senken mit inspiratorischem Muskeltraining

Fünf Minuten Atemtraining täglich reichten aus, um den Blutdruck der Studienteilnehmenden in sechs Wochen um durchschnittlich 9 mmHg zu senken. Und: Er blieb auch nach Ende des Trainings noch wochenlang niedriger. Das Team der Forschenden ordnet die Ergebnisse so ein, dass das Atemtraining teilweise sogar die Effektivität von aerobem Sport (Laufen) und anderen Verhaltensänderungen übertraf. Weitere positive Veränderungen: die Dehnungsfähigkeit der Arterien hatte sich stark verbessert und Anzeichen für Entzündungen waren zurückgegangen.

Hanteln fürs Zwerchfell

So geht's: IMST steht für „Inspiratory Muscle Strength Training", wörtlich übersetzt „Inspiratorisches Muskelkrafttraining" oder anders: Krafttraining für die Einatemmuskulatur, quasi Hanteln fürs Zwerchfell. Sie brauchen dafür ein bestimmtes Atemtrainingsgerät, in der Studie wurde der elektronische Atemtrainer POWERbreathe K3 benutzt. Das Gerät besitzt, je nach Widerstandsstufe, einen spezifischen Druck, der beim Einatmen aufgebracht werden muss, um das Ventil zu öffnen und ein Einatmen zu ermöglichen. Durch den zu überwindenden Widerstand werden gezielt Muskelgruppen, die der Atemtrakt zum Einatmen nutzt, aktiviert und trainiert.

Hydrotherapie: Heilkraft des Wassers

Wasseranwendungen können blutdrucksenkend wirken. Das zeigte sich bei kardiologischen Rehapatientinnen und -patienten mit einem Herzleiden und mildem Bluthochdruck. Verglichen wurden zwei Gruppen. Eine Gruppe bekam ausschließlich eine kardiologische Standardrehabilitation. Die andere nahm begleitend dazu an 5–12 Hydrotherapie-Anwendungen pro Woche teil. Verglichen mit der Gruppe, die nur die Standardtherapie absolvierte, senkte sich bei allen Hydrotherapie-Teilnehmenden der Blutdruck signifikant.

Kneipp und das Wasser

Dass Wasser als Heilmittel wirkt, wusste schon Sebastian Kneipp. Er vertrat die Ansicht, dass die Anwendung von Wasser als Heilmittel dem Zweck dienen sollte, die natürlichen Selbstheilungskräfte des Körpers zu unterstützen. Eine Studie, basierend auf einer ambulanten Kneippkur, unterstreicht die Wirkung auf die Gesundheit. So verbesserte sich bei Patientinnen und Patienten mit Herz-Kreislauf-Erkrankungen, die an einer ambulanten Kneippkur am Kurort teilnahmen, signifikant die Lebensqualität.

Kalter Knieguss

Mit dieser Anwendung können Sie die Abwehrkräfte und Beckenorgane stärken, Ihre Venen trainieren, Kopfschmerzen lindern und den Blutdruck senken.

So geht's:

Nehmen Sie sich einen Schlauch mit kaltem Wasser und beginnen Sie an Ihrer rechten kleinen Zehe. Führen Sie den Strahl seitlich über den Fuß an ihrem Unterschenkel hoch bis handbreit über Ihr Knie. Dort wird der Schlauch leicht hin und her bewegt, wodurch die Wade einen glatten Wassermantel erhält. Nun drehen Sie den Fuß leicht nach außen und führen den Schlauch zur Innenseite des Oberschenkels. Bewegen Sie auch hier den Schlauch drei- bis viermal hin und her, um die Wade von dieser Seite zu begießen. Führen Sie den Schlauch über die Unterschenkelinnenseite abwärts zur großen Zehe und beenden dort den Guss. Nun wiederholen Sie diesen Ablauf auf ihrer linken Seite, beginnend an der linken kleinen Zehe. Zum Abschluss können Sie beide Fußsohlen begießen.

Hydro-therapie

Regeln

Um in den gesundheitsförderlichen Genuss von Wasseranwendungen zu kommen, müssen Sie nicht erst in eine Reha-Klinik gehen. Zum Ausprobieren können Sie auch zu Hause mit dem kalten Knieguss beginnen. Aber bitte berücksichtigen Sie folgende grundsätzliche Regeln für die praktische Anwendung von Wasser.

Vor einem Kaltreiz sollten Sie sich immer erst gut erwärmen, niemals sollte kaltes Wasser auf kalte Haut kommen.

Unterkörperbehandlungen, Fußbäder und Wickel wirken eher schlaffördernd und beruhigend, sind also eher für den Abend geeignet.

Am besten trocknen Sie Ihre Haut nach der Anwendung nicht ab. Das Wasser wird nur abgestreift und die Haut so für kurze Zeit feucht gehalten.

Arm- und Oberkörperbehandlungen machen eher munter.

Sie sollten sich bei der Wasseranwendung immer wohlfühlen.

Kaltanwendungen sollten Sie nur in gut vorgewärmten Räumen durchführen.

Für die Durchführung kalter Güsse gilt immer: von herzfern nach herznah. Von unten nach oben. Von außen nach innen. Erst rechts dann links.

Phytotherapie: Heilkraft der Pflanzen

Verschiedene Heilpflanzen können den Blutdruck senken und Therapien begleiten. Sie senken Bluthochdruck aber nicht so schnell und wirken auch nicht so stark wie ein synthetisches Medikament. Daher kommen sie anfangs begleitend dazu: also bitte nicht plötzlich die Medikamente absetzen und nur noch pflanzlich behandeln. Bei einem milden bis gemäßigten Bluthochdruck lohnt sich zunächst der naturheilkundliche Weg, bevor Medikamente ins Spiel kommen. Sprechen Sie sich dazu mit Ihrem Arzt/Ihrer Ärztin ab.

Leinsamen gegen Bluthochdruck

Wer mit Leinsamen seinen Blutdruck senken möchte, sollte regelmäßig und dauerhaft zugreifen, das zeigen verschiedene Studien. In einer kanadischen Studie verzehrten Teilnehmende täglich 30 Gramm gemahlenen Leinsamen und konnten damit ihren systolischen Wert um etwa 10 mmHg und den diastolischen Wert um 7 mmHg senken.

Nichts für Vampire: Knoblauch

Knoblauch enthält Allicin, eine Substanz, die dazu beitragen kann, den Blutdruck zu senken. Dazu am besten regelmäßig und roh Knoblauch verzehren – oder zu entsprechenden Kapseln greifen.

Teetrinken, abwarten und Blutdruck senken

Hibiskusblütentee enthält bestimmte organische Säuren, Polyphenole, Anthocyane, Polysaccharide und ätherische Öle, die sich positiv auf das gesamte Herz-Kreislauf-System auswirken. Eine Studie aus Nigeria mit Bluthochdruckpatienten zeigte, dass ein wässriger Hibiskusextrakt einen gemäßigten Bluthochdruck nach vier Wochen genauso gut senken konnte wie der Blutdrucksenker Lisinopril, nämlich um 30 Prozent.

Leinsamen

Geschrotete dunkle oder goldene Leinsamen entfalten ihre positiven Effekte besser als ganze Samen, da durch das Zerkleinern Schleimstoffe und Nährstoffe besser wirken können. Für optimale Ergebnisse sollten sie am besten frisch zerkleinert werden, da die enthaltenen Omega-3-Fettsäuren schnell oxidieren und ihre Wirkung sinkt.

Knoblauch

Roh entfaltet Knoblauch seine blutdrucksenkende Wirkung am besten, er schmeckt dann aber auch am intensivsten und wird begleitet von einer beißenden Schärfe. Frischer Knoblauch schmeckt milder als der in getrockneter, weißer, seidenpapierartiger Schale. Bewahren Sie Knoblauch an einem kühlen, dunklen und luftigen Ort auf.

Phyto-therapie

Meine Empfehlungen

Mit diesen Pflanzen bringen Sie Ihren Blutdruck in Balance.

Hibiskusblüten

Gerade bei Bluthochdruck scheint der fruchtige Tee aus den getrockneten Blüten des Hibiskus ein wirksames Getränk zu sein. Genießen Sie Hibiskustee in der heißen Jahreszeit zur Abkühlung und im Winter zum Aufwärmen. Regelmäßiger Genuss rund ums Jahr tut dem Blutdruck gut.

Therapieergänzung: therapeutischer Aderlass

Der Aderlass ist eine der ältesten medizinischen Behandlungsformen, der bis ins 19. Jahrhundert als Allheilmittel gegen die unterschiedlichsten Krankheiten eingesetzt wurde. Meist ließ der Bader den Patienten oder die Patientin zur Ader. Manche bluteten durch wiederholten Aderlass richtiggehend aus. Ein prominentes Opfer ist George Washington (1732–1799) gewesen. Um seine starke Kehlkopfentzündung zu heilen, wurde er mehrmals massiv zur Ader gelassen. Dieser enorme Blutverlust könnte mit ein Grund dafür gewesen sein, warum der erste Präsident der Vereinigten Staaten während der Behandlung starb.

In der Schulmedizin wird Aderlass als Behandlungsmethode, bis auf wenige Ausnahmen, nicht mehr eingesetzt. Anders verhält es sich in der Naturheilkunde und der Integrativen Medizin. In der Regel wird pro Sitzung eine Menge von 500 Millilitern Blut abgelassen. Ziele sind Eisenentzug oder die Verdünnung des Blutes, um die Fließeigenschaften zu verbessern.

Comeback einer alten Methode

Laut neuerer wissenschaftlicher Daten könnte der Aderlass bei weit verbreiteten Volkskrankheiten wie Bluthochdruck und bestimmten neurodegenerativen Erkrankungen eine Renaissance erfahren. Insbesondere in Fällen, wo eine konventionelle, leitliniengerechte Blutdrucktherapie keine ausreichende Einstellung gewährleistet oder die medikamentöse Therapie unerwünschte Nebenwirkungen erzeugt, kann der Aderlass als Alternative oder Ergänzung ins Spiel kommen.

Mythen?

Um mich um Demenz zu sorgen, bin ich zu jung

Das stimmt nicht ganz. Denn wenn der Blutdruck ab Mitte 30 ansteigt und zwischen Anfang 40 und Anfang 50 Bluthochdruck vorliegt (ab 140/90 mmHg), verschlechtert das die Gehirngesundheit. Und dieser Befund ist mit einem erhöhten Demenzrisiko verbunden. Den Blutdruck in der Lebensmitte besser und regelmäßiger zu kontrollieren könnte folglich das Demenzrisiko senken.

Blutspende: gut für Sie und andere

Eine Blutspende ist im Prinzip nichts anderes als der mittelalterliche Aderlass. Der könnte bald wieder eine neue Bedeutung erlangen, denn eine Studie der Charité hat bestätigt, dass sich durch reguläres Blutspenden Bluthochdruck effektiv senken lässt.

An der Studie nahmen 292 Patienten teil. 146 davon litten an Bluthochdruck mit Werten von mehr als 140/90 mmHg, die restlichen Teilnehmenden hatten normale Blutdruckwerte. Die blutdrucksenkende Wirkung war schon nach der ersten Blutspende messbar und sank mit jeder Blutspende weiter, durchschnittlich um bis zu 16 mmHg. Hatte ein Patient zum Beispiel einen Ausgangswert von 160/91 mmHg, sank sein oder ihr Blutdruck nach viermaliger Blutspende auf 144/84 mmHg. Die Effekte fielen umso stärker aus, je höher der Blutdruck zuvor war. Patientinnen und Patienten mit Werten von über 160/100 mmHg erreichten zum Teil eine Senkung um bis zu 17 mmHg. Bei den Teilnehmenden mit normalem Blutdruck sanken die Werte hingegen nicht. Es kam also nicht zu einer Hypotonie.

Meine TOP 5 der Bluthochdruckbehandlung

1. Ernährung

Wichtig sind Lebensmittel mit Gesundheitsvorteilen für Bluthochdruckpatienten. Deswegen empfehle ich, folgende Lebensmittel regelmäßig in Ihren Speiseplan zu integrieren:

- ✓ nitrathaltiges Gemüse wie Rote Bete, Spinat, Rucola
- ✓ Heidelbeeren
- ✓ Walnüsse, Pistazien und Leinsamen (vorher schroten)
- ✓ Leinöl
- ✓ Kakao in Form von Bitterschokolade (mindestens 75% Kakaoanteil. Und: Eine Tafel sollte zwei Wochen lang reichen!)
- ✓ Soja und Sojaprodukte (Edamame, Tofu, Tempeh)
- ✓ Grüner Tee (täglich 5 kleine Tassen)

Als Faustregel gebe ich Ihnen mit: Am Ende einer Woche sollten Sie 30 verschiedenartige pflanzliche Nahrungsmittel zu sich genommen haben. Dies ist ein wichtiger Garant für eine gesunde und vielfältige Mikrobiota.

Bonus-Tipp: Als Einstieg in eine blutdruckfreundliche Ernährung hat sich besonders das Heilfasten nach der Buchinger-Methode bewährt. Nach dem erfolgreichen Einstieg können Sie ins Intervallfasten übergehen. Hier empfehle ich die Methode 16:8. Dabei wird 16 Stunden am Stück nichts gegessen und auch nichts Kalorienhaltiges getrunken. Ob beim 16-Stunden-Fasten das Frühstück oder das Abendessen weggelassen wird, können Sie individuell entscheiden.

2. Ordnungstherapie/Mind-Body-Medizin

Stress und mangelnde Stressverarbeitung wirken sich negativ auf den Blutdruck aus. Daher ist es das Ziel der Ordnungstherapie, Stressauslöser im Alltag zu finden, zu reduzieren und die Stressanfälligkeit zu senken. Das klappt, indem Sie Entspannungsmethoden fest und regelmäßig in Ihren Alltag integrieren. Auch die Fähigkeit, Nein zu sagen und zu lernen, sich besser abzugrenzen, wirkt Wunder, ganz nach dem Motto: „Jedes Nein zu anderen ist ein Ja für mich."

3. Bewegung

Einmal wöchentlich in der Gruppe und jeden zweiten Tag zu Hause 15 Minuten Yoga ist aus meiner Erfahrung ideal für den Alltag. Alternativ können Sie dreimal die Woche vier Einheiten Unterarmstütz oder Wandsitz, jeweils für zwei Minuten anstreben und dies nach Möglichkeit durch Ausdauer- und Krafttraining ergänzen.

Auch wirksam: Fünf Minuten Atemtraining pro Tag mit inspiratorischem Muskeltraining.

4. Hydrotherapie

Nach dem Motto „Wasser, Wickel, Wechseldusche" können Sie durch regelmäßige hydrotherapeutische Anwendungen Ihren Blutdruck langfristig senken. Gut geeignet ist dafür der morgens durchgeführte kalte Knieguss.

5. Phytotherapie

Es gibt zahlreiche Heilpflanzen und pflanzliche Nahrungsmittel, die eine blutdrucksenkende Wirkung haben. Knoblauch in roher oder getrockneter Form senkt den Blutdruck. Das ist vor allem dem darin enthaltenen Allicin zu verdanken und wurde bisher mehrfach wissenschaftlich bestätigt.

Auch von Hibiskusblütentee ist bekannt, dass er blutdrucksenkende Eigenschaften hat. Täglich 2 Tassen Tee mit ca. 10 g Hibiskusblüten scheint nach aktueller Datenlage binnen 4 Wochen den Blutdruck signifikant zu senken. Am besten trinken Sie den Tee vor dem Frühstück.

Hinweis
Sofern nicht anders angegeben, ist bei den Zutatenmengen jeweils das Rohgewicht, also das Gewicht des Lebensmittels vor der Verarbeitung, angegeben; bei Stückangaben gehen wir von Lebensmitteln mittlerer Größe aus. Das Gargut kommt in die Mitte des Ofens, eine Form geben wir auf ein Rost. Verwenden Sie Salz ausschließlich wie im Rezept angegeben.

Abkürzungen
cm = Zentimeter
EL = Esslöffel
g = Gramm
geh. = gehäuft
ml = Milliliter
TK = Tiefkühlprodukt
TL = Teelöffel

Rezepte

Grundrezept für salzarmes Bauernbrot

Für 1 Brot (ca. 18 Scheiben)

100 g Walnusskerne
10 g frische Hefe
½ TL Salz
500 g Dinkel- oder Weizenvollkornmehl

→ Die Walnüsse in einer Schale mit Wasser bedeckt mindestens 8 Stunden, am besten über Nacht einweichen.

→ Am nächsten Tag die eingeweichten Walnusskerne in einem Sieb gut abtropfen lassen. Hefe in 300 ml zimmerwarmem Wasser auflösen, Salz und Mehl zugeben und 7–9 Minuten in der Küchenmaschine oder mit den Knethaken eines Handrührgeräts zu einem elastischen Teig kneten. In der letzten Minute die Walnusskerne in den Teig einkneten.

→ Den Teig in einer leicht geölten Schüssel abgedeckt 10–12 Stunden (am besten über Nacht) im Kühlschrank ruhen lassen.

→ Am nächsten Tag einen Gärkorb mit Mehl ausstäuben (alternativ eine kleine Schüssel mit einem Handtuch auslegen und dieses bestäuben). Den Teig auf eine leicht bemehlte Arbeitsfläche stürzen, von außen zur Mitte falten und leicht andrücken. Den so gefalteten Teig umgedreht (mit der Naht nach unten) in den vorbereiteten Gärkorb legen und mit einem Handtuch abgedeckt 1 Stunde gehen lassen.

→ Einen gusseisernen Topf im Backofen bei 250 °C Ober-/Unterhitze vorheizen. Das Brot aus dem Gärkorb auf ein Backpapier stürzen und damit in den gusseisernen Topf geben, Deckel schließen und 20 Minuten backen. Den Topfdeckel abnehmen und weitere 10–12 Minuten knusprig backen.

→ Das Brot aus dem Topf nehmen und auf einem Kuchengitter abkühlen lassen.

Grundrezept für salzarme Knusper-Brötchen

Für 8 Stück

10 g frische Hefe
500 g Dinkel- oder Weizenvollkornmehl
½ TL Salz

→ 300 ml zimmerwarmes Wasser in eine Schüssel geben und die Hefe darin vollständig auflösen. Mehl und Salz zugeben und mit den Knethaken des Handrührgeräts 5 Minuten gründlich verkneten, bis sich die Masse vom Schüsselrand löst. Den Teig zu einer Kugel formen und abgedeckt im Kühlschrank für 10 Stunden (über Nacht) gehen lassen.

→ Am nächsten Tag den Teig auf eine leicht bemehlte Arbeitsfläche geben, in acht möglichst gleich große Stücke teilen, zu Kugeln formen und mit etwas Abstand auf einem mit Mehl bestäubten, dickeren Küchentuch auslegen. Das Tuch zwischen den Brötchen hochziehen, sodass die Brötchen eng beieinander liegen, sich aber nicht berühren. Ein zweites Küchentuch darüberlegen und 1 Stunde gehen lassen.

→ Den Backofen 15 Minuten vor dem Ende der Gehzeit auf 250 °C Ober-/Unterhitze vorheizen, dabei eine feuerfeste Schale auf dem Ofenboden mit vorheizen. Wasser in einem Wasserkocher aufkochen.

→ Brötchen auf einem mit Backpapier ausgelegten Backblech mit Abstand zueinander verteilen und längs mit einem 1 cm tiefen Schnitt versehen, Blech in den Ofen geben, 100 ml kochendes Wasser in die feuerfeste Schale gießen und sofort die Ofentür schließen (Vorsicht, es kann spritzen!). 10 Minuten backen, dann die Ofentür öffnen, feuerfeste Schale entfernen, dann weitere 5–8 Minuten knusprig braun backen. Brötchen auf einem Kuchengitter abkühlen lassen.

TIPP

Sie können zunächst die Brötchen auch mit einer Mischung aus Dinkelmehl Type 630 oder Weizenmehl Type 550 und Vollkornmehl backen und sich dann langsam an einen höheren Vollkornanteil herantasten.

Rote-Bete-Aufstrich

Für 8 Portionen

1 rote Zwiebel
1 EL Olivenöl
250 g rote Bete (vorgegart)
1–2 TL Tafelmeerrettich
40 g helles Tahin (Sesammus)
1 TL Apfelessig (oder anderer heller Essig)
100 g Frischkäse (Doppelrahmstufe)

→ Die Zwiebel schälen und klein würfeln. Das Öl in einer Pfanne erhitzen und die Zwiebel darin bei mittlerer Hitze 2–3 Minuten anbraten.

→ Rote Bete abtropfen lassen und in grobe Stücke schneiden, dann mit Zwiebel, Tafelmeerrettich, Tahin und Apfelessig in den Blitzhacker geben und fein pürieren. Den Frischkäse unterrühren.

Pilzaufstrich

Für 8 Portionen

50 g Sonnenblumenkerne
200 g Champignons
1 Schalotte
½ Bund Petersilie
½ Bund Schnittlauch
10 g getrocknete Steinpilze
2 EL Olivenöl
¼ TL Salz
schwarzer Pfeffer

→ Die Sonnenblumenkerne in einer Pfanne ohne Fett bei mittlerer Hitze 5 Minuten rösten, dann aus der Pfanne nehmen und abkühlen lassen.

→ Die Champignons putzen und vierteln. Die Schalotte schälen und fein würfeln. Die Petersilie waschen, trocken schütteln, Blätter von den Stängeln zupfen und grob hacken (gern auch mit den Stängeln). Den Schnittlauch waschen, trocken schütteln und in Stücke schneiden. Die Steinpilze in den Blitzhacker geben und fein mahlen.

→ Die Pilze in die Pfanne ohne Fett geben und bei mittlerer Hitze 10 Minuten rösten, bis sie Wasser verlieren und anschließend zu rösten beginnen. Die Hitze reduzieren, das Öl und die Schalottenwürfel hinzugeben und weitere 2 Minuten braten.

→ Alle vorbereiteten Zutaten mit dem Salz zu den gemahlenen Steinpilzen in den Blitzhacker geben und zu einer cremigen Masse pürieren, mit Pfeffer abschmecken.

Schoko-Dattel-Frühstücksbrei mit Vanillesauce

Für 2 Portionen

50 g getrocknete, entsteinte Datteln
400 ml Haferdrink (am besten ungesüßt)
60 g Haferflocken (Feinblatt)
1 geh. EL ungesüßtes Kakaopulver (schwach entölt)
10 g Vanillepuddingpulver

→ Datteln in kleine Stücke schneiden und mit 250 ml Haferdrink, Haferflocken und Kakaopulver in einen Topf geben und einmal aufkochen lassen. Dann Hitze auf kleinste Stufe reduzieren und bei geschlossenem Deckel unter gelegentlichem Umrühren 10 Minuten garen.

→ 50 ml Haferdrink mit dem Puddingpulver in einer Tasse verrühren. Den restlichen Haferdrink in einem kleinen Topf unter Rühren aufkochen lassen, dann das Puddingpulvergemisch hineingießen und gründlich verrühren, bis es andickt.

→ Den Schoko-Dattel-Frühstücksbrei auf Schalen verteilen, die Vanillesauce angießen und warm servieren.

TIPP

Sie können den Brei hervorragend mit ein paar Beeren verfeinern, beispielsweise Himbeeren, Johannisbeeren oder Brombeeren, aber auch weitere Früchte der Saison. Wem die Sauce nicht süß genug ist, kann noch 1–2 Prisen Zucker zugeben.

Apfel-Zimt-Porridge mit Milch und Sahne

Für 2 Portionen

75 g Haferflocken (Feinblatt)
200 ml Milch
1 süßsäuerlicher Apfel
50 g Sahne
1–2 TL Zimtpulver

→ Für das Porridge die Haferflocken mit der Milch in einen Topf geben und unter gelegentlichem Rühren einmal aufkochen lassen. Dann die Hitze auf kleinste Stufe reduzieren und zugedeckt ca. 8 Minuten quellen lassen, dabei gelegentlich umrühren.

→ Währenddessen den Apfel waschen, entkernen, vierteln und in dünne Spalten schneiden, 2–3 EL Wasser mit den Apfelspalten in eine Pfanne geben und bei mittlerer Hitze 5 Minuten sanft bräunen. Dabei die Spalten gelegentlich wenden.

→ Die Sahne nach Geschmack leicht anschlagen oder flüssig lassen. Den Porridge auf zwei Schalen verteilen. Je die Hälfte der Sahne darüberträufeln, die Hälfte der Apfelspalten darübergeben und mit Zimt bestreut servieren.

TIPP

Nicht süß genug? Sie können 1 TL Rohrohrzucker zu den Äpfeln in die Pfanne geben, sobald das Wasser verdampft ist, und diesen karamellisieren lassen – oder Sie nehmen 1 TL Honig.

Bircher-Style-Müsli mit Weizenkeimen und Hafer

Für 2 Portionen

25 g Weizenkeime
4 EL Haferflocken (Feinblatt)
4–6 ganze Haselnusskerne
½ Apfel
1 Handvoll Beeren der Saison
1 EL Zitronensaft
150 g griechischer Joghurt (10 % Fett)
2 TL Honig nach Belieben

→ Die Weizenkeime und die Haferflocken in eine Schüssel geben und mit 150 ml Wasser mischen. Abgedeckt über Nacht im Kühlschrank quellen lassen.

→ Die Haselnüsse grob hacken. Den Apfel waschen, entkernen und grob reiben. Die Beeren waschen. Die Nüsse, Apfelraspel und den Zitronensaft zu den Haferflocken geben, gründlich vermengen und die Masse auf zwei Schüsseln verteilen.

→ Den Joghurt zum Birchermüsli geben und mit den Beeren anrichten. Nach Belieben mit Honig beträufeln und servieren.

TIPP

Das Bircher Müsli schmeckt auch mit einer Prise Zimt oder Kakao. Statt Haferflocken schmecken auch Mandeln oder Walnüsse. Keine Beerensaison? Dann einfach aufgetaute TK-Beeren nehmen.

Grundrezept für Müsli mit gerösteten Nüssen

Für ca. 10 Portionen

50 g Haselnusskerne
50 g Mandeln
50 g Walnusskerne
250 g Haferflocken
50 g Sonnenblumenkerne

→ Den Backofen auf 150 °C Umluft vorheizen. Haselnüsse, Mandeln und Walnüsse auf einem mit Backpapier ausgelegten Backblech 8 Minuten backen. Dann die Nüsse auskühlen lassen und anschließend klein hacken.

→ Die Nüsse mit Haferflocken und Sonnenblumenkernen in ein großes Glas, zum Beispiel ein Einmachglas mit Deckel, geben und luftdicht verschließen.

Frühstücksmüsli mit frischen Früchten

Für 1 Portion

3 EL Müslimischung
150 g Naturjoghurt (3,5 % Fett, alternativ Magerquark oder Skyr)
1 Handvoll Lieblingsfrüchte
1 TL Honig (nach Geschmack)

→ Müslimischung mit Naturjoghurt und frischen (ggf. klein geschnittenen) Lieblingsfrüchten der Saison in eine Schale geben. Nach Geschmack etwas Honig unterrühren.

TIPP

Das Müsli lässt sich nach Belieben verfeinern, etwa mit geschälten Hanf- oder Leinsamen oder Kürbiskernen.

Frühstücksquark mit Leinsamen, Kernen und Früchten

Für 2 Portionen

2 EL Haferflocken (Feinblatt)
2 EL Goldleinsamen (alternativ Leinsamen)
60 g Heidelbeeren (frisch oder TK, alternativ Himbeeren)
1 kleiner Pfirsich (oder anderes Obst der Saison)
250 g Quark (20 % Fett)

→ Haferflocken in eine trockene Pfanne geben und bei mittlerer Hitze unter gelegentlichem Wenden ca. 5 Minuten goldbraun rösten. Die Leinsamen in einem Mörser grob zerstoßen. Die Früchte waschen, den Pfirsich entkernen und in kleine Stücke schneiden.

→ Den Quark auf 2 Schälchen verteilen. Haferflocken, Leinsamen und Früchte darübergeben und servieren.

TIPP

Leinsamen sind reich an Ballaststoffen und unterstützen dadurch die Verdauung. Am besten reichlich dazu trinken, sonst passiert das Gegenteil und es kommt zu Verdauungsproblemen. Durch das Zerstoßen werden die Inhaltsstoffe übrigens für den Körper besser verfügbar. Leinsamen enthalten zudem günstige Omega-3-Fettsäuren. Diese wirken sich positiv auf den Blutdruck aus.

Schnelles Congee für ein herzhaftes Frühstück

Für 2 Portionen

80 g Basmatireis
2 Eier
150 g Champignons
1 Frühlingszwiebel
65 g Babyspinat
3 TL geröstetes Sesamöl
¼ TL Salz
2 TL Sesamsamen

→ Den Reis mit 600 ml Wasser in einen Topf geben, einmal aufkochen, dann bei mittlerer Hitze 30 Minuten offen köcheln lassen. Dabei gelegentlich umrühren.

→ Die Eier in einem Topf mit Wasser aufkochen und 8 Minuten hart kochen. Anschließend abgießen, abschrecken, pellen und halbieren.

→ Die Champignons putzen und halbieren. Die Frühlingszwiebel waschen, putzen und in feine Ringe schneiden. Den Spinat waschen und abtropfen lassen.

→ Die Champignons in einer Pfanne ohne Fett bei mittlerer Hitze ca. 10 Minuten braten, bis Wasser austritt und wieder verdampft. Dann das geröstete Sesamöl, die Frühlingszwiebelringe und den Spinat zugeben und alles 2 Minuten schwenken, bis der Spinat etwas zusammengefallen ist. Alles mit dem Salz abschmecken.

→ Reis auf zwei Schalen verteilen, das Gemüse darübergeben und mit Sesamsamen bestreut servieren.

TIPP

Ein Congee ist ein Reisbrei, der gerne zum Frühstück gegessen wird. Es passt auch zu jeder anderen Tageszeit. Alternativ den neutralen Reisbrei mit einem Obstkompott als süßes Frühstück genießen.

Mit etwas Zeit kann ein traditionelles Congee zubereitet werden: 60 g Reis mit 900 ml Wasser auf niedrigster Hitze 90 Minuten zu einem Brei kochen, dabei regelmäßig rühren. Reste können eingefroren werden.

Shakshuka – Tomaten-Paprika-Gemüse mit Eiern

Für 2 Portionen

1 kleine rote Zwiebel
1 rote Paprika
¼ Bund glatte Petersilie
1 EL Olivenöl
1 TL Harissapaste
1 Dose Tomatenstücke (400 g)
2 Eier

→ Die Zwiebel schälen und fein würfeln. Die Paprika waschen und putzen, dann in ½ cm große Stücke schneiden. Petersilie waschen, trocken schütteln, Blätter von den Stängeln zupfen und grob hacken (gern auch mit den Stängeln).

→ Öl in einer Pfanne erhitzen und die Zwiebel darin 1 Minute bei mittlerer Hitze glasig dünsten. Die Paprikastücke und Harissapaste hinzugeben und 2 Minuten mitrösten, dann mit Tomatenstücken ablöschen und bei geschlossenem Deckel 10 Minuten garen.

→ Mit einem Esslöffel zwei Mulden in die Tomatensauce drücken und je 1 Ei hineingleiten lassen. Bei kleiner Hitze und geschlossenem Deckel 6–8 Minuten je nach gewünschter Konsistenz des Eigelbs stocken lassen. Vor dem Servieren mit Petersilie bestreuen.

TIPP

Rösten Sie je ½ TL Koriander- und Kreuzkümmelsamen in einer Pfanne ohne Fett, bis die Gewürze fein duften. Anschließend im Mörser fein zerstoßen und die Tomatensauce damit abschmecken. Auch mit Paprikapulver und Chiliflocken können Sie das Shakshuka noch verfeinern.

Petersilienwurzel-Cremesuppe mit Croûtons

Für 2 Portionen

300 g Petersilienwurzeln
1 Schalotte
1 Knoblauchzehe
2 EL Butter
400 ml Wasser
¼ TL Salz
3 EL weißer Essig (z. B. Apfelessig)
8 Stängel Thymian
1 salzarmes Brötchen oder 1 Scheibe salzarmes Brot (Rezepte Seite 54 und 57)
100 g Sahne
2 Prisen geriebene Muskatnuss
schwarzer Pfeffer

→ Die Petersilienwurzeln putzen, schälen und in kleine Stücke schneiden. Schalotte und Knoblauchzehe schälen und fein hacken.

→ 1 EL Butter in einem Topf zerlassen und die Schalotte darin glasig dünsten. Dann die Petersilienwurzelstücke dazugeben und 3–5 Minuten bei mittlerer Hitze unter gelegentlichem Rühren braten. Salz, 400 ml Wasser und den Essig zugeben, einmal aufkochen lassen und anschließend bei geschlossenem Deckel in ca. 30 Minuten weich garen.

→ Währenddessen den Thymian waschen, trocken schütteln, Blättchen abzupfen und ggf. klein hacken. Das Brötchen klein würfeln. Die restliche Butter in einer beschichteten Pfanne bei mittlerer Hitze zerlassen. Knoblauch darin anschwitzen, dann Brötchenwürfel und Thymian zugeben und in 5–8 Minuten unter Wenden goldbraun anbraten. Dann in eine Schüssel geben.

→ Die Suppe sehr fein pürieren, die Sahne zugeben, mit Muskat und etwas Pfeffer abschmecken und gründlich verrühren. Für noch mehr Cremigkeit etwas Wasser zugeben.

→ Die Suppe auf Teller verteilen und mit den Croûtons bestreut servieren.

TIPP

Verwenden Sie für die Croûtons herkömmliches Brot oder herkömmliche Brötchen, geben Sie bitte kein Salz mehr in die Suppe.

Tomatensuppe mit Basilikumfrischkäse

Für 2 Portionen

1 Zwiebel
2 Knoblauchzehen
500 g Tomaten (rot oder gelb)
3 softe Datteln
3 EL Olivenöl
1 kleines Bund Basilikum
200 g körniger Frischkäse
¼ TL Salz
schwarzer Pfeffer

→ Zwiebel und Knoblauch schälen. Zwiebel würfeln und Knoblauch fein hacken. Tomaten waschen, Strunk entfernen, Tomaten halbieren und klein schneiden. Datteln klein schneiden, mit den Tomaten in einen hohen Rührbecher geben und mit dem Mixstab grob pürieren.

→ 1 El Öl in einem Topf erhitzen und Zwiebel und Knoblauch darin bei mittlerer Hitze 2 Minuten glasig dünsten. Dann die Tomaten-Dattel-Masse dazugeben und 10 Minuten bei geschlossenem Deckel köcheln lassen.

→ Währenddessen Basilikum waschen, trocken schütteln, Blättchen abzupfen und mit 2 EL Olivenöl in einen hohen Rührbecher geben. Mit dem Mixstab fein pürieren. Dann den körnigen Frischkäse dazugeben und unterheben.

→ Die Tomatensuppe leicht salzen. Dann mit dem Mixstab fein pürieren. Die Suppe auf Teller verteilen, den Basilikumfrischkäse daraufgeben. Nach Belieben mit Pfeffer bestreuen und servieren.

Blumenkohl-Haselnuss-Suppe mit Haferdrink

Für 2 Portionen

1 Blumenkohl (mittelgroß)
1 Zwiebel
1 EL Öl (z. B. Rapsöl)
500 ml Haferdrink
1 TL Gemüsebrühpulver
1 EL Haselnussmus (Bioladen oder Reformhaus, alternativ helles Mandelmus)
schwarzer Pfeffer

→ Den Blumenkohl waschen und putzen, dann die Röschen abtrennen und grob zerkleinern, den Stiel schälen und ebenfalls klein schneiden. Die Zwiebel schälen und fein würfeln.

→ Das Öl in einem Topf erhitzen, die Zwiebel darin ca. 2 Minuten anschwitzen. Dann Blumenkohl, Haferdrink und Gemüsebrühpulver zugeben, alles einmal aufkochen lassen und anschließend 15 Minuten bei kleiner Hitze und geschlossenem Deckel köcheln lassen.

→ Das Haselnussmus zugeben und alles mit dem Pürierstab fein pürieren. Mit Pfeffer abschmecken, auf zwei Teller verteilen und mit salzarmem Brot (siehe Rezept Seite 54) servieren.

TIPP

Haferdrinks schmecken süß, da während eines Fermentationsprozesses ein Teil der Stärke in Malzzucker umgewandelt wird. Mittlerweile gibt es auch zuckerfreie Produkte. Hier wird die Fermentation frühzeitig gestoppt, sodass der im Hafer vorkommende Zucker nicht freigesetzt wird.

Linseneintopf mit Räuchertofu

Für 2 Portionen

½ Bund Suppengrün
60 g Räuchertofu
2 EL Olivenöl
1 EL Tomatenmark
100 g braune Linsen
2 Lorbeerblätter
¼ Bund glatte Petersilie
2 Prisen Salz
schwarzer Pfeffer

→ Das Suppengrün waschen und putzen, dann in ½ cm große Stücke schneiden. Den Räuchertofu abtupfen und ebenfalls in ½ cm große Stücke schneiden.

→ Das Öl in einem (beschichteten) Topf erhitzen und das Gemüse darin bei hoher Hitze 5 Minuten unter Wenden scharf anbraten. Den Tofu hinzugeben und weitere 2 Minuten braten. Dann das Tomatenmark zugeben und nochmals 1 Minute mitrösten. Linsen, Lorbeerblätter und 700 ml Wasser zugeben, aufkochen lassen und dann 30 Minuten abgedeckt köcheln lassen.

→ Währenddessen die Petersilie waschen, trocken schütteln, Blätter von den Stängeln zupfen und grob hacken (gern auch mit den Stängeln). Die Lorbeerblätter aus dem Topf nehmen. Den Linseneintopf mit Salz und Pfeffer würzen und mit Petersilie bestreut servieren.

TIPP

Der Eintopf lässt sich prima vorbereiten, zum Beispiel am Vorabend. Durchgezogen schmeckt er noch besser und würziger. Die Petersilie erst zum Servieren darübergeben.

Gebackener Blumenkohl mit Minzjoghurt

Für 2 Portionen

1 mittelgroßer Blumenkohl
1 rote Zwiebel
2 El Olivenöl
1 EL Ras el-Hanout (Gewürzmischung, alternativ Currypulver)
100 g Hirse
3 Stängel Minze
150 g Joghurt (3,5 % Fett)
¼ TL Salz

→ Den Backofen auf 200 °C Ober-/Unterhitze vorheizen. Den Blumenkohl waschen, die Röschen vom Strunk trennen und je nach Dicke halbieren oder vierteln. Den Strunk würfeln. Die Zwiebel schälen und längs achteln. Das Gemüse mit dem Öl und Ras el-Hanout mischen und auf einem mit Backpapier ausgelegten Blech gleichmäßig verteilen. 25 Minuten im Ofen backen, nach der Hälfte der Zeit einmal wenden.

→ Währenddessen die Hirse in einem feinen Sieb mit heißem Wasser waschen, abtropfen lassen und mit 300 ml Wasser in einem Topf aufkochen. 5 Minuten köcheln lassen, dann bei ausgeschalteter Hitze und geschlossenem Deckel auf der Platte 10 Minuten ausquellen lassen.

→ Die Minze waschen, trocken schütteln, die Blättchen abzupfen und fein hacken. Joghurt, Minze und Salz in einer Schale gründlich vermengen.

→ Die Hirse auf 2 Schalen verteilen, das gebackene Gemüse darübergeben und den Joghurt darüberträufeln.

Limetten-Ingwer-Wirsing mit Kartoffelspalten

Für 2 Portionen

500 g Wirsing
¼ TL Salz
500 g vorwiegend festkochende Kartoffeln
2 EL Olivenöl
1 EL Masala-Gewürzmischung (alternativ Currypulver)
1 cm Ingwer
½ Bio-Limette
150 g ungezuckerte Ananas aus der Dose
1 Zwiebel
1 Frühlingszwiebel
½ kleines Bund Koriander

→ Den Backofen auf 220 °C Umluft vorheizen. Den Wirsing waschen, putzen, den Strunk entfernen, Wirsing längs halbieren und in feine Streifen schneiden. Diese mit Salz in eine Schüssel geben und kräftig verkneten, dann 10 Minuten ruhen lassen.

→ Währenddessen die Kartoffeln gründlich waschen und längs achteln. Mit 1 EL Öl und Masala in einer Schüssel gründlich mischen, dann auf einem mit Backpapier ausgelegten Backblech verteilen und im vorgeheizten Ofen 20 Minuten backen. Nach der Hälfte der Zeit die Kartoffelspalten einmal wenden.

→ Den Ingwer schälen und auf der Gemüseraspel fein reiben. Die Limette gründlich heiß abwaschen, die Schale fein abreiben und den Saft auspressen. Die Ananas abgießen und 3 EL Saft auffangen. Die Zwiebel schälen, halbieren und in feine halbe Ringe schneiden. Die Frühlingszwiebel waschen, putzen und in feine Ringe schneiden. Den Koriander waschen, trocken schütteln, die Blättchen abzupfen und grob hacken.

→ Das restliche Öl in einer Pfanne erhitzen, die Zwiebelringe darin 2 Minuten bei mittlerer Hitze glasig dünsten, dann Wirsing, Ingwer, Limettenschale und -saft sowie 3 EL Ananassaft zugeben und bei geschlossenem Deckel 10 Minuten dünsten, dabei gelegentlich umrühren. Für die letzte Minute die Ananasstücke mit in die Pfanne geben.

→ Die Kartoffeln auf zwei Teller verteilen, den Wirsing dazugeben und mit Frühlingszwiebelringen und Koriander bestreut servieren.

Kichererbsen-Kürbis-Curry mit Vollkornreis

Für 2 Portionen

75 g Vollkornreis
½ kleiner Kürbis (z. B. Hokkaido, ca. 400 g)
1 Zwiebel
240 g Kichererbsen aus der Dose
1 EL Bratöl
1 EL (mildes) Currypulver
200 g Kokosmilch
¼ TL Salz
½ Bund Koriander

→ Den Vollkornreis mit 150 ml Wasser in einem Topf aufkochen und bei kleiner Hitze 20–30 Minuten ausquellen lassen.

→ Währenddessen den Kürbis waschen, entkernen und in 1 cm große Stücke schneiden. Die Zwiebel schälen, halbieren und fein hacken. Die Kichererbsen in ein Sieb abgießen, abspülen und abtropfen lassen.

→ Das Öl in einer beschichteten, tiefen (Wok-)Pfanne erhitzen und die Zwiebel- und Kürbisstücke darin für 5 Minuten ringsherum anbraten. Currypulver zugeben und für 1 weitere Minute mitrösten. Mit Kokosmilch und 200 ml Wasser ablöschen, Salz hinzugeben und abgedeckt bei mittlerer Hitze ca. 15 Minuten bissfest garen. Die Kichererbsen hinzugeben und kurz miterhitzen.

→ Den Koriander waschen, trocken schütteln, Blättchen abzupfen und grob hacken. Reis mit dem Curry in Schalen verteilen und mit Koriander bestreut servieren.

TIPP

Noch schneller geht's, wenn Sie tiefgekühlten Kürbis verwenden. Dann sparen Sie sich das Schneiden. Die Kichererbsen sind übrigens leichter verdaulich, wenn Sie die Häutchen der Kichererbsen entfernen. Das klappt gut, wenn Sie die Kichererbsen im Sieb hin und her bewegen, wodurch sich ein Großteil der Häutchen löst.

Linsen-Süßkartoffel-Dal mit Koriander und Kreuzkümmel

Für 2 Portionen

250 g Süßkartoffel
1 Zwiebel
1 rote Chilischote
⅓ Bund Koriander
1 geh. EL Ghee (Butterschmalz)
1 TL gemahlener Kreuzkümmel
1 TL gemahlener Koriander
400 g stückige Tomaten aus der Dose
100 g rote Linsen
¼ TL Salz
2 EL Schmand

→ Die Süßkartoffel schälen und in 1 cm große Stücke schneiden. Die Zwiebel schälen, halbieren und in feine Ringe schneiden. Die Chili waschen, putzen, entkernen und in feine Ringe schneiden. Den Koriander waschen, trocken schütteln, Blättchen abzupfen und grob hacken.

→ Ghee in einem Topf erhitzen, Süßkartoffel und Zwiebel darin 3 Minuten bei hoher Hitze scharf anbraten. Chili, Kreuzkümmel und gemahlenen Koriander dazugeben und 1 Minute mitrösten. Mit Tomatenstücken und 400 ml Wasser ablöschen. Die Linsen zugeben, einmal aufkochen lassen, dann bei geschlossenem Deckel und kleiner Hitze 15 Minuten unter gelegentlichem Rühren köcheln lassen. Das Salz erst zum Schluss zugeben, es verlängert sonst die Kochzeit der Linsen.

→ Das Dal auf zwei Schalen verteilen, je einen EL Schmand dazugeben und mit dem gehackten Koriander bestreut servieren.

TIPP

Wer möchte, kann sich dazu auch eine Portion Vollkorn-Basmatireis kochen (75 g Reis und 150 ml Wasser, siehe Seite 112). Diesen sollten Sie zuerst auf den Herd geben, damit er gemeinsam mit dem Dal fertig ist.

Rote-Bete-Gemüse mit Champignons und weißen Bohnen

Für 2 Portionen

60 g Bulgur
200 g Champignons
1 rote Zwiebel
2 Knoblauchzehen
½ Bund glatte Petersilie
200 g vorgegarte Rote Bete
100 g weiße Bohnen aus der Dose
1 EL Olivenöl
100 g Naturjoghurt (3,5 % Fett)
Abrieb von ½ Bio-Zitrone
¼ TL Salz

→ Den Bulgur in einen Topf geben und mit 150 ml Wasser aufkochen. 10 Minuten unter gelegentlichem Rühren bei geringer Hitze köcheln lassen.

→ Die Champignons putzen und vierteln. Zwiebel und Knoblauch schälen. Zwiebel halbieren und in feine Ringe schneiden, Knoblauch fein hacken. Die Petersilie waschen, trocken schütteln und mit den Stängeln fein hacken (alternativ auch nur die Blättchen hacken). Rote Bete abtropfen lassen und klein würfeln. Die Bohnen in ein Sieb geben und abspülen.

→ Die Champignons in eine beschichtete Pfanne ohne Fett geben und bei hoher Hitze 7 Minuten braten, bis Wasser austritt und wieder verdampft. Dabei gelegentlich wenden. Dann das Öl, Knoblauch und Zwiebel zugeben, die Hitze auf mittlere Stufe reduzieren und 2 Minuten weiter braten. Dann Bohnen zugeben und für 1 Minute mitbraten. Am Schluss die Rote Bete kurz unterziehen.

→ Den Joghurt mit der Zitronenschale und dem Salz verrühren. Den Bulgur mit der Petersilie vermengen und auf Teller verteilen. Das Champignongemüse auf dem Bulgur anrichten und mit Joghurtsauce beträufeln.

Marokkanisches Kichererbsengemüse mit Couscous

Für 2 Portionen

100 g Couscous
1 Karotte
½ rote Zwiebel
½ kleines Bund glatte Petersilie
1 Bio-Orange
230 g Kichererbsen aus der Dose
2 TL Olivenöl
½ TL gemahlener Kreuzkümmel
¼ TL Salz
150 g Naturjoghurt (3,5 % Fett)
Chilipulver nach Belieben
1 TL Honig
2 Eier

→ Couscous in eine Schüssel geben, mit der doppelten Menge kochendem Wasser übergießen und abgedeckt quellen lassen.

→ Die Karotte schälen und fein würfeln. Die Zwiebel schälen und fein hacken. Die Petersilie waschen, trocken schütteln, Blättchen abzupfen und klein hacken. Die Orange heiß abspülen, die Schale abreiben und den Saft auspressen. Kichererbsen in ein Sieb abgießen, abspülen und abtropfen lassen.

→ 1 TL Öl in einer beschichteten Pfanne auf hoher Stufe erhitzen. Die Zwiebel darin unter Rühren kurz anbraten. Dann die Karotte zugeben. Die Hitze reduzieren und die Mischung mit Kreuzkümmel würzen. Unter gelegentlichem Rühren bei mittlerer Hitze 5–8 Minuten fertig braten. Für die letzten 3 Minuten die Kichererbsen zugeben.

→ Den Orangensaft und das Salz zum Couscous rühren, dann den Pfanneninhalt und die Petersilie unterheben. Die Orangenschale mit Joghurt, etwas Chilipulver und Honig zu einem Dressing verrühren.

→ Das restliche Öl in der Pfanne erhitzen und 2 Spiegeleier darin ausbraten. Die Couscousmischung auf Teller verteilen, das Dressing darüberträufeln, die Eier dazugeben und servieren.

Cremige Polenta mit italienischem Gemüse

Für 2 Portionen

1 rote Zwiebel
1 Zucchini
1 Handvoll Rucola
2 Tomaten (ca. 200 g)
400 ml Milch (3,5 % Fett)
2 Prisen Salz
100 g Polenta
1 ½ EL Olivenöl
schwarzer Pfeffer
50 g Parmesan

→ Die Zwiebel schälen, halbieren und in feine halbe Ringe schneiden. Die Zucchini waschen, putzen, längs halbieren und in feine Scheiben schneiden. Rucola waschen und in einem Sieb abtropfen lassen. Tomaten waschen, Stielansatz entfernen und Tomaten klein würfeln.

→ Die Milch mit 1 Prise Salz in einem Topf aufkochen und die Polenta unter stetigem Rühren einrieseln lassen. Die Polenta etwa 10 Minuten auf kleinster Stufe unter stetigem Rühren köcheln lassen, bis sie merklich andickt. Dann vom Herd nehmen.

→ Das Olivenöl in einer beschichteten Pfanne auf mittlerer Stufe erhitzen. Die Zwiebel darin 2–3 Minuten anbraten. Dann die Zucchini dazugeben und weitere 2–3 Minuten braten. Schließlich die Tomaten dazugeben, alles kurz durchschwenken und mit 1 Prise Salz und Pfeffer abschmecken.

→ Die Polenta auf Teller verteilen. Den Rucola darüberzupfen. Das italienische Gemüse darübergeben und mit geriebenem Parmesan servieren.

Bulgur-Bowl mit Erbsen und Kürbis

Für 2 Portionen

400 g Hokkaido-Kürbis
1 EL Olivenöl
1 TL Ras el-Hanout (Gewürzmischung, alternativ Curry)
100 g Bulgur (alternativ Couscous oder Vollkornreis)
150 g TK-Erbsen
1–2 EL weißer Essig (z. B. Apfelessig)
1 Handvoll Babyspinat
½ Bund glatte Petersilie
150 g Naturjoghurt (1,5 % Fett)
80 g Feta
schwarzer Pfeffer

→ Den Backofen auf 220 °C Ober-/Unterhitze vorheizen. Den Kürbis mit Schale gründlich heiß waschen, dann entkernen und in Scheiben schneiden. Diese auf einem mit Backpapier ausgelegten Backblech verteilen, gleichmäßig mit dem Öl beträufeln und mit Ras el-Hanout bestreuen. Im Ofen ca. 20 Minuten backen. Dann den Kürbis aus dem Ofen nehmen.

→ Währenddessen den Bulgur in 200 ml Wasser zum Kochen bringen und 10 Minuten auf kleiner Stufe köcheln lassen. Nach 5 Minuten Garzeit die Erbsen zugeben. Am Schluss Bulgur mit einer kleinen Prise Salz abschmecken und 1–2 EL Essig unterrühren.

→ Während der Bulgur köchelt, den Babyspinat waschen und trocken schütteln. Die Petersilie waschen, trocken schütteln, Blättchen abzupfen und grob hacken. Den Joghurt in eine Schale geben. Den Feta mit einer Gabel zerdrücken und gründlich mit dem Joghurt vermengen. Nach Belieben mit Pfeffer abschmecken.

→ Den Bulgur auf zwei Schüsseln (Bowls) verteilen, dann den Kürbis und den Spinat darauf anrichten. Den Feta-Joghurt dazugeben und mit Petersilie bestreut servieren.

Kartoffeln mit Grüner Sauce und Leinöl

Für 2 Portionen

600 g mittelgroße, festkochende Kartoffeln
1 großes Bund gemischte Lieblingskräuter (z. B. Petersilie, Schnittlauch, Kerbel, Pimpinelle, Borretsch, Kresse, Sauerampfer)
250 g Quark (20 % Fett)
150 g Schmand
3 EL Leinöl
¼ TL Salz

→ Die Kartoffeln gründlich waschen, dann in einen Topf geben, zu ¾ mit Wasser angießen und bei geschlossenem Deckel einmal aufkochen. Bei mittlerer Hitze in 25–30 Minuten weich garen. Anschließend abgießen.

→ Währenddessen die Kräuter waschen, trocken schütteln, Blättchen abzupfen und fein hacken. Alternativ die Kräuter in eine Küchenmaschine oder einen Blitzhacker geben und fein hacken.

→ Die Kräuter mit Quark, Schmand, 2 EL Leinöl und dem Salz in eine Schüssel geben und gründlich verrühren.

→ Die Kartoffeln mit der Grünen Soße auf Tellern anrichten, das restliche Leinöl über die Sauce geben und servieren.

TIPP

Traditionell wird Frankfurter Grüne Sauce („Grie Soß") mit hart gekochten Eiern serviert. Probieren Sie das doch auch mal aus!

Auberginen-Kichererbsen-Gemüse mit Hirse

Für 2 Portionen

20 g Kürbiskerne
300 g Aubergine
2 EL Olivenöl
1 EL Ras el-Hanout (Gewürzmischung, alternativ Currypulver)
100 g Hirse
220 g Kichererbsen aus der Dose
400 g stückige Tomaten aus der Dose
1 Bund glatte Petersilie
¼ TL Salz

→ Den Backofen auf 200 °C Ober-/Unterhitze vorheizen. Die Kürbiskerne auf einem mit Backpapier ausgelegten Backblech verteilen und im Ofen 5 Minuten rösten.

→ Währenddessen die Aubergine waschen, trocknen und in 1–2 cm große Stücke schneiden. Mit Olivenöl und Ras el-Hanout vermengen. Die Kürbiskerne vom Backblech nehmen und beiseitestellen, die Auberginenstücke auf dem Backblech verteilen und im Ofen 15 Minuten backen.

→ Die Hirse in ein Sieb geben, unter heißem Wasser abspülen, dann mit 200 ml Wasser in einen Topf geben und bei geschlossenem Deckel einmal aufkochen lassen. Hirse 5 Minuten auf mittlerer Hitze köcheln lassen, dann die Platte ausstellen und die Hirse ausquellen lassen.

→ Kichererbsen in ein Sieb abgießen, abspülen und abtropfen lassen. Dann mit den Tomaten zu den Auberginen aufs Blech geben, vermengen und weitere 10 Minuten backen.

→ Die Petersilie waschen, trocken schütteln, Blätter von den Stängeln zupfen und grob hacken (gern auch mit den Stängeln). Die Kürbiskerne nach Geschmack ebenfalls hacken oder ganz lassen. Das Auberginengemüse mit dem Salz würzen. Hirse auf Teller verteilen, das Gemüse darübergeben und mit Petersilie und Kürbiskernen bestreut servieren.

Spaghetti mit Linsen-Tomaten-Sauce

Für 2 Portionen

10 g getrocknete Steinpilze
½ Bund Suppengemüse
2 EL Olivenöl
1 geh. EL Tomatenmark
400 g stückige Tomaten aus der Dose
100 g Berglinsen
½ TL getrockneter Thymian
½ TL getrockneter Oregano
¼ TL Salz
schwarzer Pfeffer
125 g Vollkornspaghetti

→ Die Steinpilze im Blitzhacker fein mahlen und beiseitestellen. Das Suppengemüse waschen, putzen und in grobe Stücke schneiden, dann im Blitzhacker fein stückig hacken.

→ Öl in einer beschichteten Pfanne erhitzen und das Suppengemüse darin 4 Minuten scharf anbraten, das Tomatenmark zugeben und unter Rühren weitere 2 Minuten anbraten. Mit den stückigen Tomaten und 400 ml Wasser ablöschen. Linsen, Thymian, Oregano und gemahlene Steinpilze zugeben. Dann bei geschlossenem Deckel und mittlerer Hitze 30 Minuten unter gelegentlichem Rühren köcheln lassen. Das Salz erst zum Schluss zugeben, es verlängert sonst die Kochzeit der Linsen, und mit Pfeffer nach Belieben abschmecken.

→ Die Spaghetti nach Packungsangaben kochen und mit der Linsen-Tomaten-Sauce servieren.

TIPP

Die Sauce schmeckt noch besser, wenn sie über Nacht durchzieht. Also perfekt, um sich am nächsten Tag ein schnelles Mittag- oder Abendessen vorzubereiten – einfach nur noch Nudeln kochen.

Spaghetti mit Brokkoli und Mozzarella

Für 2 Portionen

350 g frischer Brokkoli
1 kleine rote Zwiebel
½ Bio-Zitrone
1 Packung Mini-Mozzarella (150 g Abtropfgewicht)
4 Stängel Basilikum
160 g Vollkornspaghetti
1 EL Öl zum Braten
1 EL Kürbiskernöl
schwarzer Pfeffer

→ Den Brokkoli putzen, in Röschen teilen und diese vierteln. Brokkolistrunk schälen und klein würfeln. Die Zwiebel schälen, halbieren und in feine Ringe schneiden. Die Zitrone heiß abwaschen, trocknen, die Schale fein abreiben und den Saft auspressen. Den Mozzarella abtropfen lassen und die Kugeln halbieren. Basilikum waschen, trocken schütteln, die Blättchen abzupfen und in Streifen schneiden.

→ Die Nudeln nach Packungsangabe kochen. Währenddessen die Sauce zubereiten. Dazu Öl in einer beschichteten Pfanne erhitzen, den Brokkoli (Röschen und Strunk) darin 3 Minuten unter Wenden scharf anbraten, die Zwiebel hinzugeben und für weitere 2 Minuten mitbraten, dann mit Saft und Schale der Zitrone ablöschen und mit Pfeffer abschmecken.

→ Die Nudeln in ein Sieb abgießen, zum Brokkoli in die Pfanne geben und gut mischen, dann auf zwei Teller verteilen, mit dem Kürbiskernöl beträufeln, Basilikum und Mozzarellakugel-Hälften darüber verteilen und servieren.

TIPP

Das Gericht kommt durch den schon gesalzenen Mozzarella komplett ohne Salz aus.
Auch lecker: geröstetes Haselnussöl statt Kürbiskernöl.

Buchweizenpfannkuchen mit Röstpflaumen

Für 2 Portionen

1 Ei
125 ml Vollmilch
75 g Buchweizenmehl (alternativ Vollkornweizenmehl)
400 g Pflaumen (alternativ Zwetschgen oder Äpfel)
1 Sternanis
2 Nelken
3 EL Zucker
1 TL Zimt
2 TL Butter
250 g Quark

→ Das Ei in einer Schüssel aufschlagen, Milch und Mehl zugeben und mit den Quirlen des Handrührgeräts gründlich glatt rühren. Anschließend 30 Minuten quellen lassen.

→ Den Backofen auf 200 °C Ober-/Unterhitze vorheizen. Die Pflaumen waschen, trocknen, halbieren, entkernen und längs vierteln. Sternanis und Nelken in einem Mörser fein zerstoßen und mit Zucker und Zimt mischen. Pflaumen und Zuckermischung in einer Auflaufform vermengen. Dann im Backofen 30 Minuten backen, nach 15 Minuten einmal umrühren.

→ Währenddessen 1 TL Butter in einer Pfanne zerlassen. Den Teig einmal durchrühren. Bei mittlerer Hitze die Hälfte des Teiges mit einer Kelle in die Pfanne geben, gleichmäßig verteilen und ca. anderthalb Minuten backen, bis die Oberfläche fast vollständig abgetrocknet ist. Dann mit einem Pfannenwender wenden und in etwa 2 Minuten fertig backen. Auf gleiche Weise in der restlichen Butter den zweiten Pfannkuchen ausbacken.

→ Den Quark mit 2 EL Wasser glatt rühren, je die Hälfte auf einen Pfannkuchen streichen, die gebackenen Pflaumen aus dem Ofen darübergeben und servieren.

Topfenknödel mit Haselnuss und Apfelmark

Für 2 Portionen

1 Ei
250 g Quark
70 g Hartweizengrieß
2 EL Semmelbrösel
30 g weiche Butter
40 g gemahlene Haselnüsse
360 g Apfelmark

→ Das Ei in einer Schüssel aufschlagen. Quark, Grieß, Semmelbrösel und Butter zugeben und mit den Quirlen des Handrührgeräts gründlich vermischen. Dann 30 Minuten im Kühlschrank abgedeckt ruhen lassen.

→ Währenddessen die gemahlenen Haselnüsse in eine Pfanne ohne Fett geben und bei mittlerer Hitze ca. 5 Minuten rösten, bis sie zu duften beginnen und leicht bräunen. Dann in einen tiefen Teller geben und komplett auskühlen lassen.

→ Einen Topf mit Wasser aufkochen, dann die Temperatur reduzieren, sodass das Wasser nur noch siedet (leicht wellt). Den Teig aus dem Kühlschrank nehmen, in acht Portionen teilen und diese mit angefeuchteten Händen zu Kugeln formen. In das leicht siedende Wasser geben und abgedeckt 10 Minuten ziehen lassen. Mit einem Schaumlöffel aus dem Wasser nehmen, etwas abtropfen lassen und nacheinander in den gemahlenen Haselnüssen wenden, sodass die Knödel damit ummantelt sind.

→ Die Topfenknödel auf zwei Teller verteilen und mit Apfelmark servieren.

TIPP

Während Apfelmus häufig Zucker zugesetzt ist, damit es noch süßer schmeckt, ist Apfelmark immer ungesüßt. Sie können auch andere ungesüßte Fruchtmarke verwenden. Frisches Obst der Saison passt ebenfalls zu den Knödeln, genau wie eine selbst gemachte Obstsauce.

Schnelle Quark-Öl-Teig-Pizza mit Rucola

Für 2 Portionen

1 Ei
125 g Quark
3 EL Olivenöl
225 g Dinkel- oder Weizenvollkornmehl
1 TL Backpulver
2–3 EL Tomatenmark
125 g Mozzarella
150 g Cocktailtomaten
1 Handvoll Rucola (alternativ Basilikum)
schwarzer Pfeffer
1 TL getrockneter Oregano (alternativ Thymian)

→ Den Backofen auf 220 °C Ober-/Unterhitze vorheizen. Das Ei aufschlagen und in eine Schüssel geben. Quark und Olivenöl zugeben und gründlich verrühren. Mehl und Backpulver hinzufügen und mit den Knethaken des Handrührgeräts zu einem glatten Teig verkneten. Den Teig auf ein Backpapier geben, mit dem Nudelholz zu einem Rechteck von der Größe eines Backblechs ausrollen und mit dem Backpapier auf das Blech geben.

→ Den Teig mit Tomatenmark bestreichen. Mozzarella abtropfen lassen, zerzupfen und auf der Pizza verteilen. Im Ofen 10–12 Minuten goldbraun backen. Währenddessen die Tomaten waschen und halbieren oder in Scheiben schneiden. Rucola waschen, trocken schütteln und klein zupfen.

→ Die Pizza aus dem Ofen nehmen, mit Tomaten und Rucola bestreuen, nach Belieben pfeffern, mit Oregano bestreuen und servieren.

Rote-Bete-Fisch-Päckchen aus dem Ofen

Für 2 Portionen

½ TL Fenchelsamen
60 g Vollkornreis
¼ TL Salz
1 mittelgroßer Fenchel (250 g)
1 Frühlingszwiebel
2 Stücke Kabeljaufilet (à 100 g)
½ Zitrone
150 g rote Bete (vorgegart)
½ Bund Dill
1 EL Olivenöl

→ Die Fenchelsamen in einem Mörser fein zerstoßen und mit Reis, Salz und 150 ml Wasser in einen Topf geben, aufkochen und bei kleiner Hitze abgedeckt 30 Minuten köcheln lassen.

→ Den Backofen auf 200 °C Ober-/Unterhitze vorheizen. Fenchel putzen und mit einer Gemüsereibe fein hobeln, bis zum Strunk, den Strunk nicht mitverwenden. Die Frühlingszwiebel waschen, putzen und in feine Ringe schneiden. Den Kabeljau waschen und trocken tupfen. Die Zitrone auspressen.

→ Den gehobelten Fenchel in der Mitte eines Bogens Backpapier auslegen, die Fischfilets darauflegen, Frühlingszwiebel darüber verteilen und mit Zitronensaft beträufeln, dann das Backpapier zu einem Päckchen zusammenwickeln und 20 Minuten im Ofen garen.

→ Währenddessen die rote Bete abtropfen lassen, dann in feine Stücke schneiden. Den Dill waschen, trocken schütteln, Blättchen abzupfen und hacken.

→ Den gegarten Reis mit Rote Bete, Öl und Dill mischen, auf zwei Teller verteilen, das Fenchelgemüse mit den Fischfilets daneben anrichten und servieren.

Asia-Gemüsepfanne mit Hähnchenbrust-streifen

Für 2 Portionen

100 g Vollkorn-Basmatireis
200 g Karotten
150 g kleine weiße Champignons
1 rote Paprika
1 Frühlingszwiebel
2 Handvoll Babyspinat
2 cm Ingwer
½ Zitrone
1 Sternanis
½ Glas Ananasstücke im eigenen Saft (ohne Zuckerzusatz)
1 EL Sojasauce
1–2 Prisen Chilipulver (nach Geschmack)
200 g Hähnchenbrustfilet
2 EL Öl zum Braten

→ Den Reis mit 200 ml Wasser zum Kochen bringen, bei geringer Hitze mit geschlossenem Deckel 20–30 Minuten ausquellen lassen.

→ Die Karotten putzen, Enden abschneiden und schräg in dünne Scheiben schneiden. Die Champignons putzen und vierteln. Die Paprika waschen, putzen und in Streifen schneiden. Die Frühlingszwiebel waschen, putzen und schräg in feine Ringe schneiden. Den Spinat waschen und trocken schütteln.

→ Für die süßsaure Sauce den Ingwer schälen und grob in Stücke schneiden, die Zitrone auspressen. Den Sternanis in einem Mörser fein mahlen. 100 g Ananasstücke abwiegen und vom Saft aus dem Glas 85 ml abmessen.

→ Ingwer, gemahlenen Sternanis, Ananassaft und Ananasstücke mit der Sojasauce in einen hohen Rührbecher geben und mit dem Pürierstab glatt pürieren. Nach Geschmack mit Chili würzen.

→ Die Hähnchenbrust in Streifen schneiden. 1 EL Öl in einer (Wok-)Pfanne erhitzen, die Hähnchenstreifen darin 4 Minuten rundherum scharf anbraten. Dann das restliche Öl hinzugeben. Das Gemüse in folgender Reihenfolge nacheinander in die Pfanne geben und jeweils 1 Minute anbraten, bevor das nächste Gemüse dazukommt: Karotte, Champignons, Paprika und Frühlingszwiebel.

→ Alles mit der Ananas-Würzsauce übergießen, einmal aufkochen lassen und den Herd ausschalten. Dann den Spinat zugeben, unterheben und zusammenfallen lassen. Reis auf zwei Teller geben und das süßsaure Hähnchen darüber verteilen.

Hähnchenschnitzel in Nusspanade mit Püree

Für 2 Portionen

300 g mehligkochende Kartoffeln
200 g Sellerie
250 ml Milch
¼ TL Salz
1–2 Prisen Muskatnuss
2 Hähnchenbrustfilets (à 150 g)
schwarzer Pfeffer
1 Ei
2 EL Weizenvollkornmehl
4 EL gemahlene Haselnüsse
2 EL Bratöl

→ Kartoffeln und Sellerie waschen und schälen, in 1,5 cm große Stücke schneiden und mit der Milch und dem Salz in einen Topf geben. Alles einmal aufkochen lassen, dann bei kleiner Hitze 15 Minuten bei geschlossenem Deckel weich kochen. Mit dem Kartoffelstampfer zu Püree verarbeiten und mit frisch geriebener Muskatnuss würzen.

→ Die Hähnchenbrustfilets trocken tupfen, längs wie ein Brötchen ein-, aber nicht durchschneiden und aufklappen. Mit einem Fleischklopfer platt klopfen und von beiden Seiten pfeffern. Das Ei in einem tiefen Teller gründlich verquirlen. Mehl und Haselnüsse auf zwei separate Teller verteilen. Die Hähnchenbrustschnitzel erst in Mehl, dann in Ei und zuletzt in den gemahlenen Haselnüssen gleichmäßig wenden.

→ Das Öl in einer beschichteten Pfanne erhitzen und die panierten Hähnchenbrüste bei mittlerer Hitze darin je 4 Minuten pro Seite ausbacken. Das Kartoffel-Sellerie-Püree mit den Hähnchen-Haselnuss-Schnitzeln auf zwei Tellern anrichten.

TIPP

Dazu passt ein grüner oder bunter Blattsalat der Saison mit einem Dressing ohne Salz.

Linsen-Kardamom-Sandwich mit Wildkräutersalat

Für 2 Portionen

25 g Belugalinsen
½ rote Zwiebel
¼ TL Kardamomsamen
¼ Gurke
1 Handvoll Wildkräutersalat (alternativ Rucola)
1 EL Olivenöl
⅓ TL gekörnte Gemüsebrühe
1 EL Balsamico (alternativ Apfelessig)
schwarzer Pfeffer
4 Scheiben salzarmes Brot (Rezept Seite 54)

→ Die Linsen mit 75 ml Wasser in einen kleinen Topf geben, aufkochen lassen und dann bei geschlossenem Deckel und kleiner Hitze ca. 25 Minuten garen. Währenddessen die Zwiebel schälen und fein würfeln. Kardamom in einem Mörser fein zerstoßen. Die Gurke waschen und in feine Scheiben schneiden. Den Salat waschen und trocken schütteln oder schleudern.

→ Das Öl in einer Pfanne erhitzen und die Zwiebeln darin 5 Minuten bei mittlerer Hitze braun anbraten.

→ Die gegarten Linsen, die Zwiebeln, gemahlenen Kardamom, Gemüsebrühe und Balsamico in einen hohen Rührbecher geben und mit dem Pürierstab fein pürieren. Nach Belieben mit Pfeffer abschmecken.

→ Die Brotscheiben mit je 1 EL Brotaufstrich bestreichen, die Gurkenscheiben und den Salat darüber verteilen und servieren.

→ Den restlichen Linsenaufstrich in ein sauberes Schraubglas füllen, im Kühlschrank aufbewahren und die nächsten Tage verbrauchen.

TIPP

Sie können auch braune Linsen aus der Konserve nutzen oder statt Belugalinsen auf rote oder gelbe Linsen zurückgreifen. Der Dip funktioniert mit allen Linsenarten.

Pastrami-Sandwich mit frischem Sauerkraut

Für 2 Portionen

1 kleiner Apfel
4 Scheiben salzarmes Brot (Rezept Seite 54)
1 EL Tafelmeerrettich
80 g Pastrami
100 g frisches Sauerkraut (Bioladen, Kühltheke)

→ Den Apfel waschen und mit einem Gemüsehobel in feine Scheiben oder Spalten hobeln. Dabei das Kerngehäuse aussparen.

→ Die Brotscheiben in einem Toaster rösten oder alternativ in einem Kontaktgrill zwischen zwei Lagen Backpapier goldbraun grillen.

→ Die Brotscheiben mit Meerrettich bestreichen, die Pastramischeiben längs übereinandergeschlagen auf den Brotunterseiten verteilen. Dann das Sauerkraut und die Apfelscheiben darübergeben. Zuletzt die obere Brothälfte auflegen und servieren.

TIPP

Sauerkraut und Pastrami bringen jeweils Salz mit. Daher ist es wichtig, hier auf salzarmes Brot zu achten. Übrigens: Senf hat häufige hohe Salzgehalte, im Gegensatz zu Tafelmeerrettich. Ein Blick auf die Nährwerttabelle schafft Klarheit und lohnt sich immer.

Belegtes Brot mit Äpfelbutter und Radieschen

Für 2 Portionen

2 Eier
10 g getrocknete Äpfel
10 Stängel Schnittlauch
20 g weiche Butter
2 Radieschen
1 kleine Handvoll Asiasalat (alternativ Wildkräutersalat oder Rucola)
2 Scheiben salzarmes Brot (Rezept Seite 54)
schwarzer Pfeffer
2 Prisen Salz

→ Wasser in einem Topf aufkochen. Die Eier darin bei mittlerer Hitze abgedeckt 7 Minuten wachsweich kochen. Dann abschrecken, pellen und längs in Scheiben schneiden.

→ Die getrockneten Äpfel fein hacken. Den Schnittlauch waschen, trocken schütteln und in feine Ringe schneiden. Apfelstücke, Schnittlauch und Butter in einer Schale gründlich vermengen.

→ Die Radieschen waschen, putzen und in sehr feine Scheiben schneiden oder hobeln. Asiasalat waschen und trocken schütteln oder schleudern.

→ Die Brotscheiben mit Apfelbutter bestreichen. Die Radieschenscheiben darauflegen und Asiasalat darüberstreuen. Mit Eischeiben belegen und mit Pfeffer und Salz bestreut servieren.

Belegtes Brötchen mit Dattel-Minz-Creme und Tofu

Für 2 Portionen

1 Chilischote
4 Stängel Minze
½ Limette
50 g getrocknete Datteln
75 g helles Tahin (Sesampaste)
1 kleine Handvoll Wildkräutersalat (alternativ Rucola)
50 g Räuchertofu
1 TL Öl
2 salzarme Brötchen (Rezept Seite 57, alternativ 4 Scheiben salzarmes Brot, Rezept Seite 54)
6 Scheiben Gurke

→ Die Chilischote entkernen, waschen, trocknen und in grobe Stücke schneiden. Die Minze waschen, trocken schütteln und Blätter abzupfen. Limette auspressen. Chili, Minze und Datteln in den Blitzhacker geben und klein häckseln. Limettensaft, Tahin und 5 EL Wasser zugeben und zu einer glatten Masse pürieren.

→ Den Salat waschen und trocken schütteln. Den Räuchertofu trocken tupfen und in sehr dünne Scheiben schneiden. Das Öl in einer beschichteten Pfanne erhitzen und den Tofu bei mittlerer Hitze von beiden Seiten je 3 Minuten knusprig braten.

→ Die Brötchen aufschneiden, mit 1 gehäuften TL Dattelcreme bestreichen, Salat, Tofu und Gurke darauf verteilen, die obere Brötchenhälfte auflegen und servieren.

TIPP

Wenn Sie es nicht so scharf mögen, entfernen Sie die Kerne aus der Chilischote, bevor Sie diese zerteilen.

Sommerrollen mit Joghurt-Zitronen-Dip

Für 2 Portionen

200 g Naturtofu
1 Knoblauchzehe
2 Karotten
½ Paprika
1 Handvoll Babyspinat
25 g rote Rettichsprossen (alternativ andere Sprossen)
10 g frischer Koriander
½ Bio-Zitrone
½ TL Zucker
125 g Naturjoghurt
¼ TL Salz
1 EL Bratöl
8 Blätter Reispapier

→ Den Tofu mit Küchenpapier gründlich trocken tupfen, dann in 1 cm breite Stifte schneiden. Den Knoblauch schälen und fein hacken. Die Karotten putzen, schräg in feine Scheiben und dann in feine Stifte schneiden. Paprika waschen und putzen, dann in feine Streifen schneiden. Babyspinat waschen und trocken schütteln. Sprossen waschen und trocken schütteln.

→ Für den Dip den Koriander waschen, trocken schütteln, Blättchen abzupfen und fein hacken. Die Zitrone heiß waschen, trocken tupfen, Schale abreiben und Saft auspressen. Den Zucker mit der Zitronenschale in eine Schale geben und zwischen den Fingern zerreiben, um das Aroma bestmöglich zu lösen, dann mit Joghurt, Zitronensaft, gehacktem Koriander und Salz mischen.

→ Das Öl in einer beschichteten Pfanne erhitzen. Den Tofu darin bei mittlerer Hitze rundherum 10 Minuten kross anbraten. In der letzten Minute den gehackten Knoblauch zugeben und mitbraten.

→ Einen flachen tiefen Teller mit warmem Wasser füllen, ein Blatt Reispapier für ca. 30 Sekunden einweichen, dann auf ein Arbeitsbrett ausbreiten. Mittig etwas Babyspinat, Karotten- und Paprikastreifen sowie gebratenen Tofu und Sprossen verteilen. Das Reispapier vorsichtig und eng von unten über die Füllung legen, die Seiten rechts und links einschlagen, die Sommerrolle von unten eng aufrollen und auf einen Teller beiseitelegen. Mit den übrigen Reispapierblättern genauso fortfahren. Die Sommerrollen in den Dip tauchen und genießen.

Bowl mit Lachs und Joghurt-Dill-Sauce

Für 2 Portionen

100 g schwarzer Reis (alternativ Vollkornreis oder Bulgur)
250 g Lachsfilet
½ kleiner Blumenkohl
100 g Cocktailtomaten
⅓ Gurke
1 Frühlingszwiebel
10 g Dill
½ Bio-Zitrone
100 g Joghurt
½ TL Honig
¼ TL Salz

→ Den Reis mit 250 ml Wasser zum Kochen bringen und bei kleiner Hitze abgedeckt 30 Minuten köcheln lassen, bis das gesamte Wasser aufgenommen ist.

→ Den Backofen auf 130 °C Ober-/Unterhitze vorheizen. Das Lachsfilet abspülen, trocken tupfen und in eine ofenfeste Form legen, dann im Ofen 25 Minuten backen.

→ Währenddessen den Blumenkohl waschen, putzen und die Röschen je nach Größe halbieren oder vierteln. Die Cocktailtomaten waschen und halbieren. Die Gurke waschen, längs halbieren und in feine halbe Scheiben schneiden. Die Frühlingszwiebel waschen, putzen und schräg in feine Ringe schneiden. Dill waschen, trocken schütteln, Blättchen abzupfen und fein hacken. Die Zitrone heiß waschen, die Schale abreiben und den Saft auspressen.

→ Einen Topf mit Wasser aufkochen und den Blumenkohl darin 5 Minuten blanchieren. Dann in ein Sieb abgießen und abtropfen lassen.

→ Für das Dressing Zitronensaft und -schale sowie Joghurt, Dill, Honig und Salz in einer Schale gründlich verrühren.

→ Den Lachs aus dem Ofen nehmen und mit zwei Gabeln grob zerzupfen. Den Reis einmal durchrühren und auf zwei Schalen verteilen. Lachs, Gurken, Blumenkohl und Tomaten in der Schüssel kreisrund auf dem Reis anrichten, mit Frühlingszwiebel bestreuen und mit dem Dressing beträufelt servieren. Die Bowl schmeckt übrigens auch, wenn der Lachs kalt ist.

Rote-Bete-Carpaccio mit Mandel-Petersilien-Pesto

Für 2 Portionen

25 g Mandeln
1 Bund Petersilie
4 TL Olivenöl
¼ TL Salz
1 TL Weißweinessig (alternativ Apfelessig)
120 g Kichererbsen aus der Dose
4 Stängel Thymian
1 TL Honig
½ rote Zwiebel
300 g vorgegarte Rote Bete
schwarzer Pfeffer
2 Scheiben salzarmes Brot (Rezept Seite 54)

→ Die Mandeln in einer Pfanne bei mittlerer Hitze unter gelegentlichem Wenden 5 Minuten rösten, bis sie zu duften und zu bräunen beginnen. Dann aus der Pfanne nehmen. Währenddessen die Petersilie waschen, trocken schütteln, Blättchen abzupfen und Stängel grob hacken. Die gerösteten Mandeln mit Petersilienblättern und -stängeln, 3 TL Öl, Salz und Essig in einem Blitzhacker fein mahlen.

→ Die Kichererbsen in ein Sieb abgießen, abspülen und abtropfen lassen. Thymian waschen, trocken schütteln und Blättchen von den Stängeln zupfen. Kichererbsen und Thymian mit Honig und dem restlichen Öl in die Pfanne geben und bei mittlerer Hitze 7–10 Minuten unter gelegentlichem Rühren rösten.

→ Die Zwiebel schälen und in sehr feine Ringe schneiden. Die Rote Bete abtropfen lassen und mit dem Gemüsehobel in feine Scheiben hobeln. Dann die Bete fächerförmig auf zwei Tellern anordnen, das Pesto darüber verteilen, halbe Zwiebelringe und Kichererbsen darübergeben, mit Pfeffer würzen und mit getoasteten Brotscheiben servieren.

TIPP

Wenn Sie das Gericht gerne mittags essen möchten und lange satt bleiben wollen, dann geben Sie noch 75 g sehr fein gewürfelten Räuchertofu oder 3–4 EL körnigen Frischkäse darüber. Auch geräucherte Forelle oder Bio-Räucherlachs passen dazu. Dann das Salz aus dem Dressing weglassen.

Granatapfel-Couscous-Salat mit Kichererbsen und Feta

Für 2 Portionen

½ Gurke
½ Granatapfel
1 Frühlingszwiebel
½ Bund glatte Petersilie
4 Stängel Minze
½ Bio-Zitrone
100 g Feta
129 g Kichererbsen aus der Dose
60 g Vollkorn-Couscous
½ TL gemahlener Kreuzkümmel
2 EL Olivenöl

→ Die Gurke waschen, putzen und in 5 mm große Stücke schneiden. Den Granatapfel entkernen. Die Frühlingszwiebel waschen und putzen, dann in feine Ringe schneiden. Petersilie und Minze waschen, trocken schütteln, Blättchen abzupfen und fein hacken (alternativ mit den Stängeln fein hacken).

→ Die Zitrone heiß waschen, abtrocknen, die Schale abreiben und den Saft auspressen. Den Feta auf der Gemüsereibe grob raspeln. Die Kichererbsen in ein Sieb abgießen, abspülen und abtropfen lassen.

→ Couscous in ein feines Sieb geben, dieses über eine Schüssel hängen und Couscous mit 200 ml kochendem Wasser übergießen. Dann abgedeckt 5 Minuten über der Schüssel quellen lassen.

→ Kreuzkümmel, Zitronensaft und -schale sowie Olivenöl in eine Schüssel geben und verquirlen. Couscous mit einer Gabel auflockern in die Schüssel geben und mit dem Dressing vermengen. Dann Gurke, Granatapfelkerne, Petersilie, Minze, Frühlingszwiebel, Kichererbsen und Feta dazugeben und alles gründlich mischen.

Rucola-Nudel-Salat mit Grillgemüse und Ei

Für 2 Portionen

150 g Vollkornpenne
2 Eier
1 kleine gelbe Zucchini (alternativ grün)
200 g Fenchel
2 Zweige Rosmarin
1 Knoblauchzehe
2 EL Olivenöl
1 EL Balsamico
¼ TL Salz
schwarzer Pfeffer
60 g Rucola

→ Wasser in einem Topf zum Kochen bringen. Die Vollkornpenne und die Eier hineingeben und 10–12 Minuten kochen lassen. Dann in ein Sieb abgießen und abschrecken. Die Eier pellen und in kleine Stücke schneiden.

→ Die Zucchini waschen, putzen und in ca. 5 mm dicke Scheiben schneiden. Den Fenchel waschen, putzen und ebenfalls zunächst in dünne Scheiben, dann in Streifen schneiden. Rosmarin waschen, trocken schütteln, von den Zweigen zupfen und fein hacken. Knoblauch schälen und ebenfalls fein hacken. Zucchini und Fenchel mit 1 EL Olivenöl, Rosmarin und Knoblauch in eine Schüssel geben und gründlich vermengen.

→ Das Gemüse mit der kompletten Marinade entweder auf Backpapier in einen Kontaktgrill, auf eine gusseiserne Grillplatte oder in eine Grillpfanne geben und ca. 12 Minuten rundum garen.

→ Das restliche Öl, Essig, Salz und Pfeffer in eine Schüssel geben und gründlich verquirlen. Dann die Nudeln zugeben und vermengen. Rucola waschen und trocken schütteln oder schleudern. Nach Belieben etwas kleiner zupfen und ebenfalls in die Salatschüssel geben. Das Ei und das leicht abgekühlte Grillgemüse zugeben, alles kurz vermengen und dann servieren.

Linsensalat mit gebackenen Tomaten und Feta

Für 2 Portionen

125 g Beluga-Linsen
300 g Cocktailtomaten
1 rote Zwiebel
2 EL Olivenöl
1 EL Balsamico (alternativ Apfelessig)
100 g Feta
½ Bund glatte Petersilie
schwarzer Pfeffer

→ Die Linsen mit 375 ml Wasser in einen Topf geben, einmal aufkochen und abgedeckt ca. 25 Minuten bei kleiner Hitze köcheln lassen, bis sie bissfest und gar sind.

→ Den Backofen auf 230 °C Ober-/Unterhitze vorheizen. Die Cocktailtomaten waschen und halbieren. Die Zwiebel schälen, halbieren und in feine Ringe schneiden. Auf einem Backblech das Öl verstreichen, die Zwiebeln auf dem Blech verteilen, die Tomaten mit der Schnittseite nach unten daraufgeben. Im Ofen auf oberster Schiene 10–12 Minuten backen, bis die Tomatenschale zu rösten beginnt, einmal durchrühren und weitere 2–3 Minuten rösten, bis die Tomaten weich sind, dann mit Balsamico mischen.

→ Den Feta auf der Gemüsereibe grob reiben. Petersilie waschen, trocken schütteln, Blättchen abzupfen und fein hacken (alternativ mit den Stängeln fein hacken).

→ Die Linsen mit den gebackenen Tomaten und der Petersilie mischen, mit Pfeffer abschmecken und auf zwei Teller verteilen, dann mit Feta bestreut servieren.

Rotkohlsalat mit Grünkohl, Orange und Walnüssen

Für 2 Portionen

40 g Walnusskerne
150 g frischer Rotkohl
150 g Grünkohl
½ Bio-Orange
½ TL brauner Zucker
100 g Räuchertofu
2 EL Olivenöl
¼ Bund glatte Petersilie

→ Den Backofen auf 150 °C Umluft vorheizen. Die Walnüsse auf ein Backblech geben und im Ofen 7 Minuten rösten, danach vom Blech nehmen, abkühlen lassen und grob hacken.

→ Den Rotkohl waschen und mit dem Gemüsehobel fein hobeln. Den Grünkohl waschen, von der Blattrispe abstreifen und in grobe Stücke zupfen. Die Orange heiß waschen, trocknen, die Schale fein abreiben und den Saft auspressen.

→ Den Rotkohl mit Orangenschale und Zucker in eine Schüssel geben und mit den Händen (ggf. Handschuhe tragen, der Rotkohl färbt etwas) gründlich verkneten, 15 Minuten ziehen lassen.

→ Währenddessen den Tofu trocken tupfen und in feine Streifen schneiden. Eine beschichtete Pfanne mit 1 EL Olivenöl erhitzen, den Tofu darin bei mittlerer Hitze unter gelegentlichem Wenden kross anbraten. Petersilie waschen, trocken schütteln, Blätter von den Stängeln zupfen und grob hacken (gern auch mit den Stängeln).

→ Das restliche Olivenöl und den Orangensaft zum Rotkohl geben und gründlich vermengen. Den Grünkohl auf zwei Teller verteilen, den Rotkohlsalat darauf verteilen, mit gehackten Walnüssen, Tofustreifen und Petersilie bestreut servieren.

Ofengemüsesalat mit weißen Bohnen und Basilikum

Für 2 Portionen

400 g rote Bete
200 g Petersilienwurzel
1 kleiner Fenchel
2 kleine rote Zwiebeln
4 TL Olivenöl
240 g Canellinibohnen aus der Dose
4 Stängel Basilikum
1 EL Apfelessig
¼ TL Salz

→ Den Backofen auf 200 °C Umluft vorheizen. Rote Bete und Petersilienwurzel waschen, putzen, schälen und in 1 cm große Stücke schneiden. Den Fenchel waschen und putzen. Das Grün fein hacken und beiseitelegen, den Rest in Streifen schneiden. Die Zwiebeln schälen und achteln. Das Gemüse separat jeweils mit 1 TL Öl mischen. So färbt die rote Bete nicht alles ein. Ein Backblech mit Backpapier auslegen, das Gemüse darauf verteilen (nicht vermischen wegen der roten Bete) und 25 Minuten backen.

→ Währenddessen die Bohnen in ein Sieb abgießen, abspülen und abtropfen lassen. Basilikum waschen, trocken schütteln, Blättchen abzupfen und grob hacken.

→ Das gegarte Gemüse mit den Bohnen, dem Essig und Salz mischen und mit Basilikum bestreut servieren. Dazu passt salzarmes Brot (Rezept Seite 54).

TIPP

Sie haben gerade kein salzarmes Brot da? Dann würzen Sie das Gemüse nur mit 1–2 Prisen Salz und reichen normales Baguette oder kräftiges Bauernbrot zum Salat.

Lauwarmer Kokos-Curry-Reisnudel-Salat

Für 2 Portionen

2 Karotten
1 kleiner Brokkoli
1 Frühlingszwiebel
75 g Reisnudeln
½ grüne Chilischote
1 cm Ingwer
½ Limette
20 g Korianderblättchen
200 g Kokosmilch
40 g geröstete und ungesalzene Erdnüsse
150 g frisches Sauerkraut (Bioladen, Kühltheke)

→ Die Karotten schälen, erst schräg in feine Scheiben, dann in feine Stifte schneiden. Brokkoli waschen, die Röschen vom Stiel trennen und je nach Dicke halbieren oder vierteln. Den Stiel schälen und fein würfeln. Die Frühlingszwiebel waschen und putzen, das grüne Ende schräg in feine Ringe schneiden und beiseitelegen.

→ Die Reisnudeln in eine Schüssel geben, mit kochendem Wasser übergießen und abgedeckt 10 Minuten quellen lassen. Dann in ein Sieb abgießen und abtropfen lassen.

→ Für die Sauce das Weiße der Frühlingszwiebel in grobe Stücke schneiden. Chili waschen, entkernen und in grobe Stücke schneiden. Ingwer schälen und klein schneiden. Limette auspressen. Koriander waschen, trocken schütteln, grob hacken, alles in einen hohen Rührbecher geben und fein pürieren. Die Kokosmilch in einem Topf aufkochen und in 4–5 Minuten offen auf etwa die Hälfte einreduzieren, dann die Currymischung unterrühren.

→ Die Erdnüsse in einem Blitzhacker grob hacken. Sauerkraut in einem Sieb abtropfen lassen. Nudeln mit Gemüse, Kokos-Curry-Sauce und Sauerkraut mischen, auf zwei Teller verteilen und mit Erdnüssen bestreut servieren.

Quellen und Literatur

Infos rund um Bluthochdruck bietet die Herzstiftung kostenfrei telefonisch unter 069 955128-400, per Mail unter bestellung@herzstiftung.de oder auf der Homepage unter: https://herzstiftung.de/bluthochdruck

S. 6/7 (Vorwort)

Liu J, An N, Ma C, Li X, Zhang J, Zhu W, Zhang Y, Li J (2018). Correlation analysis of intestinal flora with hypertension. Exp Ther Med. 2018 Sep;16(3):2325-2330. doi: 10.3892/etm.2018.6500. Epub 2018 Jul 20. PMID: 30210587; PMCID: PMC6122545.

S. 12–17 (Ernährung)

Chen L, He FJ, Dong Y, Huang Y, Wang C, Harshfield GA, Zhu H (2020). Modest Sodium Reduction Increases Circulating Short-Chain Fatty Acids in Untreated Hypertensives: A Randomized, Double-Blind, Placebo-Controlled Trial. Hypertension. 2020 Jul;76(1):73-79. doi: 10.1161/HYPERTENSIONAHA.120.14800. Epub 2020 Jun 1. PMID: 32475312; PMCID: PMC7328301.

Wilck N, Matus M, Kearney S et al. (2017). Salt-responsive gut commensal modulates TH17 axis and disease. Nature 551, 585–589. https://doi.org/10.1038/nature24628

Upadrasta A, Madempudi RS (2016). Probiotics and blood pressure: current insights. Integr Blood Press Control. 2016 Feb 25;9:33-42. doi: 10.2147/IBPC.S73246. PMID: 26955291; PMCID: PMC4772943

Liu J, An N, Ma C, Li X, Zhang J, Zhu W, Zhang Y, Li J (2018). Correlation analysis of intestinal flora with hypertension. Exp Ther Med. 2018 Sep;16(3):2325-2330. doi: 10.3892/etm.2018.6500. Epub 2018 Jul 20. PMID: 30210587; PMCID: PMC6122545.

Yang T, Santisteban MM, Rodriguez V, Li E, Ahmari N, Carvajal JM, Zadeh M, Gong M, Qi Y, Zubcevic J, Sahay B, Pepine CJ, Raizada MK, Mohamadzadeh M (2015). Gut dysbiosis is linked to hypertension. Hypertension. 2015 Jun;65(6):1331-40. doi: 10.1161/HYPERTENSIONAHA.115.05315. Epub 2015 Apr 13. PMID: 25870193; PMCID: PMC4433416.

Liu, J et al. (2018). Correlation analysis of intestinal flora with hypertension. Experimental and therapeutic medicine, 16(3):2325–2330. https://www.ncbi.nlm.nih.gov/pmc/articles/PMC6122545/

Upadrasta A, Madempudi RS (2016). Probiotics and blood pressure: current insights. Integr Blood Press Control. 9:33–42. www.ncbi.nlm.nih.gov/pmc/articles/PMC4772943/ (30.11.2023)

Wilck N et al. (2017). Salt-responsive gut commensal modulates TH17 axis and disease. Nature 551:585–589. https://www.nature.com/articles/nature24628 (30.11.2023)

Wilck N et al. (2017). Gut microbes can protect against high blood pressure. https://www.sciencedaily.com/releases/2017/11/171115130859.htm (30.11.2023)

Yang T et al. (2015). Gut dysbiosis is linked to hypertension. Hypertension. 65:1331–1340

S. 18–37 (Stress, Schlaf, Yoga)

KKH Kaufmännische Krankenkasse (k.D.). https://www.kkh.de/content/dam/kkh/dokumente/flyer-broschueren/die-stille-gefahr.pdf (30.11.2023)

Buchtipp: „Sorry, ihr nervt mich jetzt alle! Mit Nervensägen im Job umgehen, ohne selbst den Verstand zu verlieren" von Attila Albert, erschienen im Februar 2023 bei Redline.

Benson H (1985), Beyond the Relaxation Response: The Stress-Reduction Program That Has Helped Millions of Americans, New York: Berkley

Kabat-Zinn J (2010). Im Alltag Ruhe finden. München: Knaur MensSana

Kabat-Zinn J (2011). Gesund durch Meditation. München: Knaur MensSana

Ärztezeitung (2017) https://www.aerztezeitung.de/medizin/krankheiten/neuro-psychiatrische_krankheiten/schlafstoerungen/article/934795/forschung-fehlender-schlaf-blutdruck-erhoeht.html (30.11.2023)

Hochdruckliga (2019). https://www.hochdruckliga.de/nachricht/expertensprechstunde-zum-thema-bluthochdruck-und-schlaf (30.11.2023)

Kräuchi K, Cajochen C, Werth E, Wirz-Justice A (1999). Warm feet promote the rapid onset of sleep. Nature. 401(6748):36-7. doi: 10.1038/43366. PMID: 10485703.

Khandekar JS, Vasavi VL, Singh VP, Samuel SR, Sudhan SG, Khandelwal B (2021). Effect of Yoga on Blood Pressure in Prehypertension: A Systematic Review and Meta-Analysis. ScientificWorldJournal. 4039364. doi: 10.1155/2021/4039364. PMID: 34552393; PMCID: PMC8452415.

Techniker Krankenkasse (2023) https://www.tk.de/techniker/magazin/themen/spezial/das-magazin/tief-durchatmen-2048342 (30.11.2023)

Park BJ, Tsunetsugu Y, Kasetani T, Kagawa T, Miyazaki Y (2010). The physiological effects of Shinrin-yoku (taking in the forest atmosphere or forest bathing): evidence from field experiments in 24 forests across Japan. Environ Health Prev Med. 15(1):18-26. doi: 10.1007/s12199-009-0086-9. PMID: 19568835; PMCID: PMC2793346.

S. 38–42 (Bewegung)

Edwards JJ, Deenmamode AHP, Griffiths M, et al. (2023). Exercise training and resting blood pressure: a large-scale pairwise and network meta-analysis of randomised controlled trialsBritish Journal of Sports Medicine. Published Online First: 25 July 2023. doi: 10.1136/bjsports-2022-106503

Craighead DH, Heinbockel TC et al. (2021) Time-Efficient Inspiratory Muscle Strength Training Lowers Blood Pressure and Improves Endothelial Function, NO Bioavailability, and Oxidative Stress in Midlife/Older Adults With Above-Normal Blood Pressure. Journal of the American Heart Association. 10:e020980 https://doi.org/10.1161/JAHA.121.020980

S. 44/45 (Hydrotherapie)

Stier-Jarmer M, Throner V, Kirschneck M, Frisch D, Schuh A (2021). Effekte der Kneipp-Therapie: Ein systematischer Review der aktuellen wissenschaftlichen Erkenntnisse (2000–2019), Complement Med Res 28 (2): 146–159

Haug C (2003). Literaturübersicht und Beurteilung von Studien zum Wirksamkeitsnachweis der kneippschen Hydrotherapie [Dissertation]. Ulm: Universität Ulm

Jacob EM, Volger E (2009). Blood Pressure Lowering by Hydrotherapy: A Randomised, Controlled Trail in Mild to Moderate Hypertension. Phys Med Rehabilmed Kurortmed. 2009;19(3):162–8. https://doi.org/10.1055/s-0029-12027690940-6689

Leuchtgens M (2016). Zur Methodik von Kurerfolgsbeurteilungen am Beispiel ambulanter Kneippkuren in Bad Wörishofen [Dissertation] München: LMU.[Access date: 28.05.2020], Available from https://edoc.ub.uni-muenchen.de/20233/1/Leuchtgens_Matthias.pdf (30.11.2023)

Rampp T, Kerckhoff A (2021). Wasser, Wickel Wechseldusche: Kneipp für zuhause. Essen: KVC Verlag

S. 46/47 Phytotherapie

Khalesi S, Irwin C, Schubert M (2015). Flaxseed Consumption May Reduce Blood Pressure: A Systematic Review and Meta-Analysis of Controlled Trials1, 2, 3, The Journal of Nutrition, Volume 145, Issue 4, 2015, Pages 758-765, ISSN 0022-3166, https://doi.org/10.3945/jn.114.205302.

Caligiuri SP, Edel AL, Aliani M, Pierce GN (2014). Flaxseed for hypertension: implications for blood pressure regulation. Curr Hypertens Rep. 2014 Dec;16(12):499. doi: 10.1007/s11906-014-0499-8. PMID: 25342643.

Varshney R, Budoff MJ. Garlic and Heart Disease (2016). J Nutr. 2016 Feb;146(2):416S-421S. doi: 10.3945/jn.114.202333. Epub 2016 Jan 13. PMID: 26764327

Serban C, Sahebkar A, Ursoniu S, Andrica F, Banach M (2015). Effect of sour tea (Hibiscus sabdariffa L.) on arterial hypertension: a systematic review and meta-analysis of randomized controlled trials. J Hypertens. 2015 Jun;33(6):1119-27. doi: 10.1097/HJH.0000000000000585. PMID: 25875025

Hopkins AL, Lamm MG, Funk JL, Ritenbaugh C (2013). Hibiscus sabdariffa L. in the treatment of hypertension and hyperlipidemia: a comprehensive review of animal and human studies. Fitoterapia. 2013 Mar;85:84-94. doi: 10.1016/j.fitote.2013.01.003. Epub 2013 Jan 17. PMID: 23333908; PMCID: PMC3593772.

S. 48/49 (Aderlass)

Ilfeld, B. M. and E. R. Mariano (2010). „Evaluating clinical research and bloodletting. (Seriously)." Reg Anesth Pain Med 35(6): 488-489

Marchioli R, Finazzi G, Specchia G, Cacciola R, Cavazzina R, Cilloni D, De Stefano V, Elli E, Iurlo A, Latagliata R, Lunghi F, Lunghi M, Marfisi RM, Musto P, Masciulli A, Musolino C, Cascavilla N, Quarta G, Randi ML, Rapezzi D, Ruggeri M, Rumi E, Scortechini AR, Santini S, Scarano M, Siragusa S, Spadea A, Tieghi A, Angelucci E, Visani G, Vannucchi AM, Barbui T (2013) CYTO-PV Collaborative Group.Cardiovascular events and intensity of treatment in polycythemia vera. N Engl JMed. 2013 Jan 3;368(1):22-33

Launer LJ (2019). Blood pressure control as an intervention to prevent dementia. Lancet Neurol. 2019 Oct;18(10):906-908. doi: 10.1016/S1474-4422(19)30288-1. Epub 2019 Aug 20. PMID: 31444143; PMCID: PMC7458141.

Kamhieh-Milz S, Kamhieh-Milz J, Tauchmann Y, Ostermann T, Shah Y, Kalus U, Salama A, Michalsen A (2015). Regular blood donation may help in the management of hypertension: an observational study on 292 blood donors Transfusion, 08 Dec 2015, 56(3):637-644 DOI: 10.1111/trf.13428 PMID: 26643612

Register

Liebe Leserin, lieber Leser!
Hat Ihnen dieses Buch gefallen?

Dann freuen wir uns über Ihre Weiterempfehlung. Erzählen Sie davon im Freundeskreis, berichten Sie Ihrer Buchhändlerin oder bewerten Sie beim Onlinekauf. Wünschen Sie weitere Informationen? Möchten Sie mit dem Autor in Kontakt treten? Wir freuen uns auf Austausch und Anregung unter post@styriabooks.at

Inspiration, Geschenkideen und gute Geschichten finden Sie auf www.styriabooks.at

/ StyriaBuchverlage
#Bluthochdrucknatürlichsenken #ganzheitlichheilen #KneippVerlagWien

STYRIA
BUCHVERLAGE

ISBN 978-3-7088-0848-2

Autor: Thomas Rampp
Rezepte und Lektorat: Sarah Schocke
Korrektorat: Dorrit Korger
Buch- und Covergestaltung: Bureau A/O,
Barbara Reiter und Anna Haerdtl
Foodfotografie: Nina Zorčič, www.ninazorcic.si, außer auf den Seiten 63, 89, 91, 92 (Arina Meschanova und Vjacheslav Shishlov, www.lieliski.com)
Autorenfoto (Umschlag): Udo Geisler Photographie
Projektleitung: Ilka Grunenberg
Druck und Bindung: Graspo

7 6 5 4 3 2 1
Printed in the EU

WICHTIGER HINWEIS
Dieses Buch kann nicht die ärztliche Betreuung ersetzen. Dies gilt besonders, wenn Sie Vorerkrankungen haben und Medikamente einnehmen. Suchen Sie bei unklaren, starken oder anhaltenden Beschwerden unbedingt eine Ärztin/einen Arzt auf. Alle Inhalte und Hinweise in diesem Buch wurden von Autor und Verlag nach bestem Wissen und größtmöglicher Sorgfalt erstellt und geprüft. Eine Garantie für die Richtigkeit der Angaben und Rezepte kann nicht gegeben werden. Eine Haftung des Autors bzw. des Verlags und seiner Beauftragten für Personen-, Sach- und Vermögensschäden sowie Unfälle ist ausgeschlossen.